论 语

文若愚　注译

民主与建设出版社
·北京·

© 民主与建设出版社，2018

图书在版编目（CIP）数据

论语 / 文若愚注译 . -- 北京：民主与建设出版社，2018.8（2021.4 重印）
ISBN 978-7-5139-2259-3

Ⅰ.①论… Ⅱ.①文… Ⅲ.①儒家②《论语》—注释③《论语》—译文 Ⅳ.① B222.2

中国版本图书馆 CIP 数据核字（2018）第 183215 号

论语
LUN YU

注　　译	文若愚
责任编辑	刘树民
封面设计	三石工作室
出版发行	民主与建设出版社有限责任公司
电　　话	（010）59417747　59419778
社　　址	北京市海淀区西三环中路 10 号望海楼 E 座 7 层
邮　　编	100142
印　　刷	三河市天润建兴印务有限公司
版　　次	2018 年 11 月第 1 版
印　　次	2021 年 4 月第 2 次印刷
开　　本	630mm×910mm　1/16
印　　张	20
字　　数	260 千字
书　　号	ISBN 978-7-5139-2259-3
定　　价	68.00 元

注：如发现质量问题，请联系调换。

前言

　　世界文明史提示人们，要想不断发展、不断创新，很重要的一点就是温习历久弥新的人类文化经典。记载着孔子及其弟子言行思想的《论语》一书，就是这样一部穿越了两千多年历史烽烟的、现代人不可不读的人类文化经典。

　　在漫长的中国古代社会中，《论语》成了中国社会的"圣言"，大到齐家、治国、平天下，小到个人的待人接物、一言一行，都在它的规范之中。要想了解中国的历史文化，就不能不读《论语》。

　　《论语》一书蕴含的博大而深厚的思想是可以穿越时空的，时至今日仍然闪耀着智慧的光芒。现代社会出现的新问题，层出不穷的新思潮，都不能掩盖《论语》的光辉；相反，却一遍又一遍验证着它的普世与超越。

　　《论语》是中国最早的语录体著作。书中记录的大部分内容是孔子和弟子的对话，也有其弟子们的对话，全书共二十篇。在中国古代传统文化中，《论语》的地位非常高，影响非常大。到了东汉时期，《论语》已被列入经书之列，成为学者必读之书，对其的研究成为一门专门的学问，后代学者对其注疏者不计其数。宋代大儒朱熹视《论语》为经典中的经典，并作《四书集注》，成为当时及后代士子的修身圭臬。明太祖朱元璋更是将《论语》钦定为科举必读之书，此举对中国古代传统文化及思想发展影响深远。北宋政治家赵普曾有"半部《论语》治天下"之说，它从一个侧面反映出此书在中国古代社会所发挥的作用与影响之大。

作为一部优秀的语录体散文集，《论语》以言简意赅、含蓄隽永的语言，记述了孔子的言论。书中所记孔子循循善诱的教诲之言，或简单应答，点到即止；或启发论辩，侃侃而谈；富于变化，娓娓动人。其中有许多言论至今仍被世人视为至理名言。

本书除《论语》原文之外，还增加了题解、注释、译文等几个部分。"题解"中不仅有篇章结构、段落连接上的提示，而且有对原文义旨以及历史背景的点拨；"注释"和"译文"对《论语》进行了准确细致的翻译。

品读传世经典，汲取圣贤智慧，本书是值得你一生收藏、品读的珍品。打开本书，让我们轻松进入《论语》的丰饶世界，领悟《论语》的思想内涵，掌握其中的智慧精髓。

学而篇第一 \ 1

为政篇第二 \ 14

八佾篇第三 \ 32

里仁篇第四 \ 51

公冶长篇第五 \ 66

雍也篇第六 \ 86

述而篇第七 \ 106

泰伯篇第八 \ 131

子罕篇第九 \ 145

乡党篇第十 \ 163

先进篇第十一 \ 177

颜渊篇第十二 \ 193

子路篇第十三 \ 207

宪问篇第十四 \ 224

卫灵公篇第十五 \ 248

季氏篇第十六 \ 266

阳货篇第十七 \ 276

微子篇第十八 \ 291

子张篇第十九 \ 299

尧曰篇第二十 \ 311

学而篇第一

【原文】

1.1 子①曰:"学而时习②之,不亦说③乎?有朋自远方来,不亦乐④乎?人不知而不愠⑤,不亦君子⑥乎?"

【注释】

①子:中国古代对有学问、有地位的男子的尊称。《论语》子曰的"子"多是指孔子。②习:本意是鸟儿练习飞翔,在这里是温习和练习的意思。③说(yuè):同"悦",高兴、愉快的意思。④乐(lè):快乐。⑤愠(yùn):怒,怨恨、不满。⑥君子:《论语》中的"君子"指道德修养高的人,即"有德者";有时又指"有位者",即职位高的人。这里指"有德者"。

【题解】

这是《论语》开宗明义第一篇第一段,概括而平易地表达了孔子人生理想的三个方面,实际上也是所有人人生的三个要务:人要学习以至终身学习,以学为快事;人要交友处世,以人和为乐事;人要自知自立,不奢求于外。

【译文】

孔子说:"学到的东西按时去温习和练习,不也很高兴吗?有朋友从很远的地方来,不也很快乐吗?别人不了解自己,自己却不生气,不也是一位有修养的君子吗?"

【原文】

1.2 有子①曰:"其为人也孝弟②,而好犯上者,鲜③矣;不好犯上,而好作乱者,未之有也④。君子务本,本立而道生。孝弟也者,其为仁之本与⑤!"

【注释】

①有子:孔子的学生,姓有,名若。《论语》记载的孔子学生,一般都称字,只有曾参和有若称"子"。②弟(tì):同"悌",敬爱兄长。③鲜(xiǎn):少。④未之有也:"未有之也"的倒装句,意思是"没有这种人"。⑤与:即"欤"字,表示疑问的助词。《论语》中的"欤"字皆作"与"。

【题解】

孝、弟(悌),是中国传统社会要求子女对父母、弟弟对兄长持有的正确态度。如此,可以防止犯上作乱。这便是孝道的社会政治意义。自春秋战国以后的每个朝代,都继承了孔子的孝悌说,主张"以孝治天下"。从重亲情扩大到有利于社会秩序的规范,这是有借鉴意义的。

【译文】

有子说:"那种孝顺父母、敬爱兄长的人,却喜欢触犯上级,这是很少见的。不喜欢触犯上级却喜欢造反的人,更是从来没有的。有德行的人总是力求抓住这个根本。根本建立了,道便产生了,做人和治国的原则就会形成。孝敬父母、敬爱兄长,大概便是仁爱的根本吧！"

【原文】

1.3 子曰："巧言令色①，鲜矣仁！"

【注释】

①巧言令色：巧，好；令，善。巧言令色，即满口说着讨人喜欢的话，脸上装出讨人欢喜的神色。

【题解】

孔子非常看重实际行动，经常告诫自己的弟子应当言行如一，力戒空谈巧言。在孔子的眼中，善于花言巧语的人，表面上讨好别人，暗地里只是为了一己之私。这种人言行不一，为了自己的图谋，可以不择手段，简直就是一群宵小之辈。

【译文】

孔子说："花言巧语，伪装出一副和善的面孔，这种人是缺少仁德的。"

【原文】

1.4 曾子①曰："吾日三省②吾身：为人谋③而不忠乎？与朋友交而不信乎？传④不习乎？"

【注释】

①曾子：姓曾，名参（shēn），字子舆，生于公元前505年，鲁国人，是被鲁国灭亡了的鄫国贵族的后代。曾参是孔子晚年的得意门生，以孝著称，据传《孝经》就是出自他手。②三省：多次反省、检讨。三，表示多次。在古语中，"三""五"等字，一般只表示次数之多，并非指代具体的数量。③谋：计议，计策，计谋。④传：老师的传授。

【题解】

儒家对个人的道德修养十分重视,像本章所讲的自省,便是自我修养的一种方法。曾参提出的"忠"和"信",不但是做人的标准,也是人们得以立身处世的基础。他作为孔子的得意弟子,曾参本身的德行就已经非常高了,但是为了追求完美的人格,他依旧保持着"一日三省"的习惯,更被宋儒的道统学家们捧得极高。

【译文】

曾子说:"我每天都会反省多次,为别人办事有没有尽心竭力呢?与朋友交往是不是做到诚实守信呢?老师传授给我的学问有没有用心印证、学习呢?"

【原文】

1.5 子曰:"道①千乘之国②,敬事③而信,节用而爱人④,使民以时⑤。"

【注释】

①道:通"导",作动词用,领导、治理。②千乘(shèng)之国:乘,古代用四匹马拉的战车。春秋时期,打仗多用战车,同时战车的数量也决定着国家的强弱,战车越多就越强。千乘之国,在此处指代大国。③敬事:指对自己所从事的事务要谨慎专一、兢兢业业,也就是现代人常说的敬业。④爱人:古代"人"的含义有广义与狭义之分。广义的"人",是指所有人;而狭义的"人",仅指士大夫及以上各个阶层的人。此处取后一种理解。爱人,即爱护官员。⑤使民以时:时指农时。古代的老百姓主要以农业为主,在使用民力的时候要按照农时,不能误了耕作与收获的时间。

【题解】

本章主要讲述了孔子在治理国家时的施政方针和原则。在这段话中，孔子从执政者的角度提出了几条治理国家的方法，即要求管理者认真对待国家事务、取信于民、厉行节约、体恤官员、不要误了农时等。任何管理者的成功，都离不开手下之人的配合，因为他们才是成功的关键。所以，做领导的对这些人要有足够的关心、爱护和尊重，才能让自己立于不败之地。

【译文】

孔子说："治理一个大国，应当认真地处理国家事务，恪守信用，节约用度，爱护下属，按照时节役使使用民力。"

【原文】

1.6 子曰："弟子①入②则孝，出③则弟，谨④而信，泛爱众，而亲仁⑤。行有余力⑥，则以学文⑦。"

【注释】

①弟子：指后生晚辈、学生或年幼为人子弟者。此处应当理解为为人子弟者。②入：指父母的住处。在古时父子住在不同的地方，见父母要进内宅，也可理解成在家。③出：与"入"相对而言，指出门在外。④谨：言行谨慎、严谨。⑤仁：指有仁德的人。此处为形容词用作名词。⑥行有余力：指还剩有闲暇时间。⑦文：指文化知识，主要有诗、书、礼、乐等。

【题解】

这段话是孔子提醒弟子们应当先做人，后做事，而后才能成事。做人首先要有品德修养，其次才能谈得上学习文化知识。若是将德育与智育相比较，孔子对德育看得更高一些。在他看来，只有德行高的人，才能学到真正的知识。

【译文】

孔子说:"后生晚辈在家应孝顺父母,出门在外要敬爱师长,言行谨慎,做到诚实守信,要博爱大众并亲近有仁德的人。在做好这些事情后,若是还有剩余的时间,就去学习文化知识。"

【原文】

1.7　子夏①曰:"贤贤②易③色;事父母,能竭其力;事君,能致其身④;与朋友交,言而有信。虽曰未学,吾必谓之学矣。"

【注释】

①子夏:姓卜,名商,字子夏,卫国人,比孔子小44岁,是孔子晚年的得意弟子,孔门十哲之一,以文学著称。孔子死后,他主要在魏国活动并传播孔子的思想。②贤贤:前一个"贤"字作动词用,表示尊重,后一个贤字指贤人。贤贤本意为尊重贤者,此处引申为妻子。③易:一是作改变的意思,二是作轻视的意思,此处取第二种解释。④致其身:致,意为奉献、尽力。此处可理解为奉献出自己的全部,甚至是生命。

【题解】

在这段话中,子夏认为一个人有没有学问,要先看他有没有做到"德""孝""忠""信"等。倘若他能按照规范,对这些东西全都进行了实践,那他便是个"好德"之人。即便他没有学习过系统的知识,仍是一个有学问的人。同时,这也是夫妻、父子、君臣、朋友等四伦的道德标准。这里将德育列在了第一位,视学习文化知识为其次,非常重视个人的品德修养。

【译文】

子夏说:"对待自己的妻子要看重她的品德而不是姿色;侍奉自

己的父母，应当竭尽全力；服侍自己的君主，要有献出生命的勇气；与朋友交往，要做到诚实守信。对于这样的人，尽管他没有学习过什么，但我却觉得他什么都已经学过了。"

【原文】

1.8　子曰："君子不重①则不威，学则不固②。主忠信③，无④友不如己⑤者。过⑥则勿惮⑦改。"

【注释】

①重：庄重、稳重，此处比较倾向于自重之意。②学则不固：所学的东西不牢固。③主忠信：以忠信为根本。④无：通"毋"，不要的意思。⑤不如己：关于这句的解释异义较多，常见的有两种：一是"与自己志趣不相投的人"，二是"不如自己的人"。联系上下文之后，此处取第一种解释。⑥过：过错、过失。⑦惮：害怕、畏惧。

【题解】

在本章中，孔子告诉我们做人应当稳重大方，举止得体，若是言行轻薄、随意，很难树立起自己的威严，就算是学到的知识也不会有多牢固。在交友的时候也要慎重，应当以忠信为本，对于志趣不相投的人应少交为妙。若是发现了自己的错误或过失，应该勇敢地面对，不要一味地藏着掖着。通过这段话，孔子将君子从内到外的修养紧密地联系了起来，这对于人们提高自身的品德有着重要的帮助。

【译文】

孔子说："一个君子若是不知道自重，就不能在他人面前树立起威严，即使读了许多书，所学的知识也不会牢固。做人做事应当以忠信为本，不与志趣不相投的人交朋友。若是有了过失或者错误，也不要害怕改正。"

【原文】

1.9　曾子曰："慎终①追远②，民德归厚③矣。"

【注释】

①慎终：慎重地处理父母的丧事。②追远：追思故去的祖先。③归厚：归向忠厚朴实。

【题解】

孔子对丧祭之礼非常重视，在他看来这些礼节是一个人孝道的延续，通过祭祀和丧葬之礼，可以反映出一个人道德水平的高低。而且，孝道历来被儒家看作是"忠君"的基础。倘若不能对自己的父母尽孝，又怎么可能会为国尽忠呢？因此，"忠"还被看作是"孝"的延伸和外化。只要能够忠孝两全，整个社会就会非常安定、和谐。

【译文】

曾子说："应当谨慎地处理父母的丧事，时常追思故去的祖先，就能使民心归向忠厚朴实。"

【原文】

1.10　子禽①问于子贡②曰："夫子至于是邦也，必闻其政，求之与？抑与之③与？"子贡曰："夫子温、良、恭、俭、让以得之。夫子之求之也，其诸④异乎人之求之与？"

【注释】

①子禽：姓陈，名亢，字子禽，孔子的学生。也有人认为他是子贡的学生。②子贡：姓端木，名赐，字子贡，孔子的学生。③抑与之：抑，作连词用，还是。与之，（别人）自愿给他。④其诸：语

气词，表示不太肯定，有"或许""大概"的意思。

【题解】

子禽与子贡的这段对话，表明了孔子为人处世的方式与风格。孔子在周游列国之时，之所以能够受到尊重和礼遇，在很大程度上都与他的温和、善良、恭敬、俭朴、谦让有关。他为人温和，待人宽厚善良，做事恭敬、严肃，生活俭朴，有好处总是先人后己，谦让有加。像这种德行高尚之人，有谁会不尊重他呢？因此，若想做个有道德的人，就应多研究一下"温、良、恭、俭、让"这五个字。

【译文】

子禽问子贡："夫子每到一个国家，都能知道那个国家的政事，这是他主动要求的呢，还是别人主动告诉他的？"子贡说："夫子靠的是温和、善良、恭敬、节俭和谦让的品德得来的。夫子获得这些东西的方法，或许与别人获取的方法不同吧？"

【原文】

1.11 子曰："父在，观其①志。父没②，观其行③。三年无改于父之道④，可谓孝矣。"

【注释】

①其：指儿子。②没：通"殁"，死亡。③行：行为、行动。④道：准则，正确的意志。

【题解】

本章讲的内容仍然与"孝"有关，只是与前面的有所不同，此处将"孝"字具体到了行为之中。

孔子在这段话中强调，做儿子的应在父亲活着的时候多留意父亲的行为和志向，在他们去世后仍能按照父亲的意愿行事，才是孝子的表现。不过，在这里还有一个前提，就是父亲给儿子定下的行为准则必须是正确的，这样才能看出为人子者是不是真的孝顺。

【译文】

孔子说："当父亲还健在时，要观察他的志向；在父亲去世后，要对他的行为做出考量。做儿子的若是能够长期按照父亲的原则行事，那他就算是个孝子了。"

【原文】

1.12　有子曰："礼之用①，和为贵。先王之道②，斯为美，小大由之。有所不行，知和而和，不以礼节③之，亦不可行也。"

【注释】

①用：作用，此处还可作动词用，即运用。②先王之道：指的是古代帝王的治国之道。③节：节制、约束。

【题解】

礼是孔子极力提倡的政治制度和社会文化。本章中主要讲述的是治国之道，强调了礼乐应相济为用，通过实际的社会规范和秩序，达到社会的和谐。在推行礼制的时候，虽然以和为贵，并不能为了追求和谐而脱离社会实际，那种和谐是行不通的。在我国历史上，凡是需要加强民风教化，保证安定团结的社会秩序时，都会将礼制推到台前，打造一个和谐的社会。

【译文】

有子说："施行礼制的作用，应当以达到和谐的为最好。古代圣明的帝王在治理国家的时候，在这一点上做得就很好。无论事大事小，他们都会依循礼制而行。但是，在遇到行不通的问题时，如果只是单纯地追求和谐，而抛却礼法的节制，恐怕也是行不通的。"

【原文】

1.13 有子曰："信近①于义，言可复②也；恭近于礼，远③耻辱也；因④不失其亲，亦可宗⑤也。"

【注释】

①近：接近、符合。②复：实践，履行。③远：作动词用，"使远离"，也可译为"避免"。④因：依靠。⑤宗：主，此处引申为"依靠"。

【题解】

本章主要讲的是交友待人之道。在有子的眼中，对"信"和"恭"看得很重。"信"应建立在"义"的基础之上，答应的事情才能做到。"恭"就是以"礼"相待，对他人保持着足够的尊重，才能免遭他人的羞辱。不符合"礼"的话不讲，不符合"礼"的事不做，否则就是有失"信""恭"，不是正确的处世方法。

【译文】

有子说："讲信用要尽量符合道义，这样的话才能兑现。待人谦恭符合礼节规矩，这样才能免遭他人羞辱。亲近那些可靠的人，办事也就有所依靠了。"

【原文】

1.14 子曰："君子食无求饱，居无求安，敏于事而慎于言，就有道①而正②焉，可谓好学也已。"

【注释】

①有道：指有道德、有学问的人。②正：改正、纠正（缺点或错误）。

【题解】

在本章中，孔子觉得身为君子不应过分地追求口腹之欲和安身之所，只需勤勤勉勉地做好本职工作，平时在言行方面谨慎小心一些，多向一些有道德的人学习，改掉自身的缺点，不要只知道死读书，要懂得灵活变通，才算是好学之人。这既是孔子对弟子的指导，也是他一生求学的精神写照。

【译文】

孔子说："君子饮食不求美味和饱足，住所不求安逸享受，办事勤快，说话谨慎，多向德行高尚的人学习请教，让他们帮助自己改正缺点，这样就可以称得上是好学了。"

【原文】

1.15　子贡曰："贫而无谄①，富而无骄②，何如？"子曰："可也。未若贫而乐，富而好礼者也。"子贡曰："《诗》云：'如切如磋，如琢如磨③。'其④斯之谓与？"子曰："赐⑤也，始可与言《诗》已矣，告诸往而知来者⑥。"

【注释】

①谄：谄媚，巴结逢迎。②骄：骄傲自大。③如切如磋，如琢如磨：出自《诗经·卫风·淇奥》。④其：表推断语气，可译为"大概"。⑤赐：子贡的名。子贡姓端木，名赐。孔子对学生一般都称名。⑥来者：未来的事，这里借喻为未知的事。

【题解】

本章中，子贡与孔子就贫富问题展开了讨论，孔子希望自己的弟子和其他人都能做到安贫乐道、富而好礼。在他看来，只要个人能够得到最大限度的发展，无论贫富，只需各安其位，便可保证社会的稳定。另外，子贡能够灵活地运用学到的知识，并能举一反三，也值得后世之人学习。

【译文】

子贡说:"贫穷却不去巴结逢迎,有钱也不骄傲自满,这样做怎么样?"孔子说:"这样还算可以,但还是不如虽贫穷却乐于道,有钱却谦虚好礼。"子贡说:"《诗经》上说:'要像对待骨、角、象牙、玉石一样,要不断地切磋它、琢磨它,做到精益求精',您讲的是这个意思吧?"孔子说:"赐呀,现在可以同你讨论《诗经》了,因为告诉你一件事,你能领悟出另一件事,还能举一反三。"

【原文】

1.16　子曰:"不患①人之不己知,患不知人也。"

【注释】

①患:担心、忧虑。

【题解】

在本章中,孔子依然强调了学习修养的根本目的是自我道德的完善,若是能够坚持这一立场,对于别人是否了解和重视自己就没有那么重要了。学习是为了让自己进步,不应过多地将精力放在怨天尤人上。只有保证内心的平和,才能真正了解别人,在寂寞中做成应该做的事业,完善人格上的修养。

【译文】

孔子说:"不要担心别人不了解自己,怕的是自己不了解别人。"

为政篇第二

【原文】

2.1 子曰:"为政以德①,譬如北辰②,居其所而众星共之③。"

【注释】

①为政以德:用道德教化治理国家。②北辰:北极星。③共:此处通"拱",围绕、环绕。

【题解】

本章是第二篇中的第一段,孔子在此处打了一个形象的比喻,阐明了自己的政治主张,即"为政以德",以道德教化为治国的根本原则。在孔子看来,统治者只要实行德治仁政,就能使得民心归顺,受到人民的拥护和支持,强调了仁德在政治作为中的核心作用。

【译文】

孔子说:"用仁义道德去治理国家,就会像北极星那样,安然处在自己的位置上,其他的星辰都会环绕在它的周围。"

【原文】

2.2 子曰:"《诗》三百①,一言以蔽②之,曰:思无邪③。"

【注释】

①《诗》三百:"三百"举其整数而言,实际上《诗经》中共收录诗歌305篇。②蔽:概括。③思无邪:思想纯正,不虚假。

【题解】

《诗经》是中国最早的诗歌总集,在春秋时称作《诗》,后因孔子的整理加工,被列为儒家经典教材,故称《诗经》。孔子是在对《诗经》的深入研究以后,才发出了"思无邪"的评价。也就是说,只有思想端正、为人处世真诚的人,才能管理好国家,给诗歌与政治的结合开了先例。

【译文】

孔子说:"《诗经》共有三百多篇,可以用一句话来概括它,就是思想纯正。"

【原文】

2.3 子曰:"道①之以政,齐之以刑,民免②而无耻;道之以德,齐之以礼,有耻且格③。"

【注释】

①道:有两种解释,一作"领导、治理"解,与"道千乘之国"中的"道"字相同。另一作"引导"解。此处按第一种解释。②免:免罪、免刑、免祸。③格:纠正。此处引申为"归服、归化"。

【题解】

孔子在本章中列举了礼制与法治这两种不同的治国方针。在他看来,施行刑罚只能避免人们犯罪,并不能让人们树立起廉耻之心。但是，道德教化既能使百姓循规蹈矩，还能让百姓生出廉耻之心，服从统治者的管理。孔子想用礼制规范人们的思想和行为，进而抑制"犯上作乱"的形成，这也是儒家与法家在治国方略上最大的不同。

【译文】

孔子说："用政令去统治百姓，用刑罚约束他们，他们虽然可以暂时没事，但却不会产生羞耻之心；若是以德行教化去领导百姓，用礼乐制度约束他们，不但能让他们生出廉耻之心，还能让他们遵守正道，人心归服。"

【原文】

2.4 子曰："吾十有①五而志于学，三十而立②，四十而不惑③，五十而知天命④，六十而耳顺⑤，七十而从心所欲，不逾矩⑥。"

【注释】

①有（yòu）：同"又"，表示相加的关系。②立：建立，成立。这里指立身处世。③不惑：结合上句应理解为"对于坚定的志向没有疑惑"或解释为"不受外界是非的影响"。④天命：是指不能为人力所支配的事情。⑤耳顺：对于别人的言论，能够分出真假。⑥不逾矩：不会逾越规矩。

【题解】

本章是孔子对自己一生轨迹的总结，也是孔子最著名的言论之一。他在此处描述了自己随着年龄的增长，学习和修养也在逐步提高的过程。这个过程大致可以分成三个阶段：第一阶段主要是筑基和确立方向，即从十五岁立志向学，三十岁奠定了好思想、学业和事业上的基础；到了四十岁能够明辨是非，确立正确的奋斗方向。

第二阶段是思想境界大提高的阶段，五十岁可以看透事物的规律；到了六十岁做到宠辱不惊，不再受外在环境的影响。第三阶段是知行合一的阶段，即到了七十岁时，孔子将自己的主观意识和做人的规则融合在了一起，并达到了道德修养的最高境界。

【译文】

孔子说："我从十五岁开始立志向学，到了三十岁才算在社会上站稳脚跟，四十岁时已经找准了方向，心中不再迷惘，五十岁的时候我知道了这是上天给我安排的命运，六十岁时可以分辨出别人话中的是非真假，七十岁时即便是很随意的言行也不会逾越规矩。"

【原文】

2.5 孟懿子①问孝。子曰："无违②。"樊迟③御④，子告之曰："孟孙问孝于我，我对曰：'无违。'"樊迟曰："何谓也？"子曰："生，事⑤之以礼；死，葬之以礼，祭之以礼。"

【注释】

①孟懿子：鲁国大夫，姓孟孙或仲孙，名何忌，下文中的孟孙指的就是他。懿是他的谥号。②无违：不要违背礼节。③樊迟：孔子的学生，姓樊，名须，字子迟。④御：驾车。⑤事：侍奉。

【题解】

孔子对孝道是极为看重的，在前文中我们早已讲过，在孔子的眼中，无论自己的父母在世与否，都应尽孝于他们。在本章中，孔子着重讲的是在尽孝时不能违背礼制，否则不是真孝。"无违"是根据当时礼崩乐坏的实际情况提出的，在他看来，孝道属于家庭伦理的范畴，不能越出政治原则上的礼制。他在此处表达的是尽孝并不是随意的，也要受到礼制的规范，依礼行孝才是真的孝。

【译文】

　　孟懿子求教怎么样做才算是尽孝。孔子说："不要违背礼节。"樊迟给孔子驾车，孔子就告诉他："刚才孟孙问怎样才算尽孝，我对他说：'不要违背礼节。'"樊迟问道："您说的是什么意思啊？"孔子说："在父母活着的时候，要按照礼节侍奉他们；等到他们死了，要按照礼节安葬他们，遵循礼制祭祀他们。"

【原文】

2.6　孟武伯①问孝。子曰："父母唯其②疾③之忧。"

【注释】

　　①孟武伯：孟懿子的儿子，名彘，"武"是他的谥号。②其：指儿女。③疾：疾病。

【题解】

　　天下的父母都是一样的，他们最担心的就是儿女的健康，毕竟没有几个父母不盼着自己的孩子健康成长。因此，当孟武伯向孔子请教如何才算是尽孝的时候，孔子告诉他，为人子女者只要保证好自身的健康，这算是尽孝于父母了。常言道："儿行千里母担忧"，说的就是这个道理。不过，做儿女的除了爱护自身以外，还要体谅父母的这种心情，懂得关心父母才行。

【译文】

　　孟武伯向孔子请教什么是孝道，孔子说："做父母最担心的就是儿女的健康问题。"

【原文】

2.7　子游①问孝。子曰："今之孝者，是谓能养②。至于犬马，皆能有养；不敬，何以别乎？"

【注释】

①子游：孔子的得意弟子之一，姓言，名偃，字子游，吴人。②养：赡养，养活。

【题解】

在本章中，孔子与弟子间谈论的核心还是孝，并对孝做了进一步的阐述。孔子认为，孝敬父母不能只在物质上满足他们的需求，还应从心理上满足他们，既然是孝敬父母，除了孝养以外，还要做到"敬"。若是只有孝养，就和在家中养个阿猫阿狗差不多。因此，对父母只有奉养而不尊敬，并不是真正的孝。

【译文】

子游向孔子请教什么是孝道，孔子说："如今所谓的孝道，是说只要能够赡养父母就行了。就算是狗、马这些牲畜，都能得到人们的饲养，对自己的父母若是少了恭敬和顺从，那和饲养狗、马又有什么区别呢？"

【原文】

2.8　子夏问孝。子曰："色难①。有事，弟子②服其劳；有酒食③，先生④馔⑤，曾⑥是以为孝乎？"

【注释】

①色难：侍奉父母，想要长期做到和颜悦色很难。此外，还有人将其解释成"不容易理解父母的心思"，这里采用第一种解释。②弟子：年轻的子弟，此处指代儿女。③食：（美味的）食物。④先生：与"弟子"相对，指长辈或父母。⑤馔：名词作动词，意为"吃喝"。⑥曾（zēng）：副词，意为"竟然"。

【题解】

通过前面几章和本章的阐述,我们不难看出孔子所提出的孝道是体现在各个层次和方面的。前一章孔子讲的是对父母的孝应当发自内心,而本章则是讲儿女孝顺父母,应当在言行中表现出和颜悦色的神态。若是将此两章结合起来,孔子所讲的"孝"不仅要在形式上符合礼制,而且还要发自内心地孝敬父母,才算是真正的孝顺,这也是孝道的最高境界。

【译文】

子夏向孔子请教什么是孝道,孔子说:"在侍奉父母的时候,若想经常保持和颜悦色的神态最难。有事情的时候,由年轻人去做;有好吃好喝的东西,让父母先吃先喝,难道这样就算是孝敬父母了吗?"

【原文】

2.9 子曰:"吾与回①言终日,不违如愚。退②而省③其私④,亦足以发⑤,回也不愚。"

【注释】

①回:即颜回,字子渊,鲁国人,孔子的得意弟子之一。②退:从孔子那里回去。③省:观察。④私:私语,指颜回私下与别人讨论。⑤发:发挥、运用。

【题解】

在本章中,主要讲述的是孔子的教育方法和思想。孔子比较喜欢利用启发式的教育方法,经常鼓励学生们主动进行发明和创新,对自己所讲的内容有所发挥,对于那些"终日不违"、只知道读死书的人并不喜欢,并且对这种人的评价也不高。而颜回对于自己所学的知识,都应用在了实践之中,这一点深得孔子喜爱。

【译文】

孔子说:"我每天都向颜回讲习学问,他从来没有提过反对意见,就像个愚人一般。当他离开以后,我曾私下里观察过他的言行,发现他能将我所讲的很好地运用在实践中,如此看来,颜回并不愚笨啊!"

【原文】

2.10 子曰:"视①其所以②,观其所由③,察其所安④。人焉廋⑤哉?人焉廋哉?"

【注释】

①视:察看、审视,下文的"观""察"都是此意。②所以:所做的事。以,为。③所由:做事的方法。④所安:对什么事情安心。⑤廋(sōu):隐藏,掩盖。

【题解】

在本章中,孔子提出了考察一个人的方法,也就是识人之术,这对领导者而言是很实用的。而且,识人之术在任何一个时代都很重要,它是人们从事社会活动和处理人际关系的前提。尤其是那些从事行政管理的人,知人善任更是为政者必备的一种领导技能,否则就会给国家和他人造成不可弥补的损失。

【译文】

孔子说:"审视一个人的所作所为,观察他做事时采用的方法,了解他心安于什么事情。这样一来,这个人的真面目怎能隐藏得了呢?"

【原文】

2.11 子曰:"温故而知新①,可以为师矣。"

【注释】

①温故而知新：故，学习过的知识；新，新知识、新收获。这句话的意思是温习以前学过的知识，可以从中获得新的知识或发现。

【题解】

孔子在本章中强调了学习的主动性，在学习中应当养成举一反三的能力，对于所学的内容有着精神实质方面的领悟。"温故而知新"的学习方法，也是孔子对我国教育事业的一大贡献。在他看来，不断地温习所学过的知识，可以从中获得一些意想不到的新知识。而且，他还阐明了学习知识就是一个由低到高、连续不断的过程，所有的新知识、新学问都是从学过的知识中衍生出来的，"温故"是很有必要的。

【译文】

孔子说："温习以前学过的知识，能从中有新的发现和收获，就可以为人师长了。"

【原文】

2.12 子曰："君子不器①。"

【注释】

①器：器具。

【题解】

孔子在本章中主张，身为君子就应是个全才，只有博学多能才称得上君子的名号。在孔子的眼中，君子是有着理想化人格的人，治国安邦的重任应当由他们承担。这些人对内处理国家政务，应是游刃有余；对外周旋于四方，还能做到镇定自若而不辱使命。因此，孔子才会提出君子应当具有多方面的才干，不能只局限于某一方面。

尤其是为政者,更应有着通观全局、领导全局的能力,才能成为一名合格的领导者。

【译文】

孔子说:"君子不能像器皿一样(只有一种用途)。"

【原文】

2.13 子贡问君子。子曰:"先行其言而后从之。"

【题解】

在孔子的眼中,君子就是有道德的、博学多识的人,这种人不会只说不做,而且还会先做后说。因为只有先做后说,才能取信于他人。孔子在此处教育子贡的时候,依然是因人施教,有的放矢。他将何为君子强调为重视实际行动,不能夸夸其谈地说些不着边际的话,这也是在暗暗地提醒子贡应少说多做。

【译文】

子贡问怎样做才能算是君子。孔子说:"对于你要说的内容,先去做了,然后再说出来。"

【原文】

2.14 子曰:"君子周①而不比②,小人③比而不周。"

【注释】

①周:是指以当时所谓的道义团结起来的人。也可解释成"合群"。②比:与"周"相对,是指以暂时共同的利益互相勾结。"比"旧读"bì",也可解释成"勾结"。③小人:道德修养低的人。

【题解】

孔子本章中提出君子与道德修养低的人之间的区别。他觉得道德修养低的人喜欢因私利而勾结在一起,很难与其他人融洽相处。

但是，君子与道德修养低的人则大不相同，他们做事之前总是先为他人着想，更不会像道德修养低的人那样结党营私，只要有人群的地方，都能快速地融入大众中去。孔子的这种思想，对于现代的为政者来说有着积极的借鉴意义。

【译文】

孔子说："君子用道义团结人，但是彼此之间却不会互相勾结，道德修养低的人则是相互勾结而不是团结。"

【原文】

2.15　子曰："学而不思则罔①，思而不学则殆②。"

【注释】

①罔：通"惘"，迷惘、迷惑，没有收获。②殆：疑惑、危险。

【题解】

在本章中，孔子提出了学和思的关系，他觉得人们在学习的过程中，若是只学不思，所有的努力就是徒劳；若是只思不学那就是不学无术了。他主张将学与思结合起来，并指出只有这样才能学到真正的学问，让自己变成既有思想，又有学识的人。这也是孔子在治学方面的重要总结之一。

【译文】

孔子说："若是只知道学习而不去思考就会迷惘无所得；若是只知道空想而不去学习就是不切实际，仍旧会危疑不安。"

【原文】

2.16　子曰："攻①乎异端②，斯③害也已④！"

【注释】

①攻：钻研，一心一意地致力于某事。另一说为"攻击"，本文

按前一种解释。②异端：不正确的意见或学说。另一说为"不一样的言论"，本文按前一种解释。③斯：连词，"这就、那就"的意思。④也已：语气词，另一说将"已"解释为"停止"，本文按语气词解释。

【题解】

关于本章，存在有较多的异义。常见的解释主要有三种：一是研究不正的学说，有害无益；二是攻击那些不合道义的学说，危害自然就解除了；三是攻击不同于自己的意见，反而是有害的。这三种解释无论是哪一种，都已将学习要走正道，不可驳杂不纯，也不要攻习邪说的意思阐述出来。

【译文】

孔子说："一心钻研那些不正确的学说，那是非常有害的！"

【原文】

2.17 子曰："由①，诲②女③知④之乎！知之为知之，不知为不知，是知也。"

【注释】

①由：姓仲，名由，字子路，卞人（故城在今山东泗水县东五十里），孔子的弟子之一。②诲：教导、教诲。③女：同"汝"，你。④知：作动词用，"知道"。

【题解】

本章中"知之为知之，不知为不知"这句话，可以说是广为人知，常被后人用来衡量对待知识或做人的态度是否诚实，尤其是在做学问的时候，更是来不得半点虚假和骄傲。在学习中，应当养成踏实认真、实事求是的作风，避免争强好胜、爱慕虚荣的陋习。

【译文】

孔子说:"子路,我告诉你对待知和不知的正确态度吧!知道就是知道,不知道就是不知道,这才是真正的智慧!"

【原文】

2.18 子张①学干禄②。子曰:"多闻阙疑③,慎言其余,则寡尤④;多见阙殆⑤,慎行其余,则寡⑥悔⑦。言寡尤,行寡悔,禄在其中矣。"

【注释】

①子张:姓颛(zhuān)孙,名师,字子张,孔子的学生。②干禄:求取官职俸禄。③阙疑:阙,通"缺",意为放置、保留。阙疑意为保留有疑问的问题,不下判断。④尤:过失。⑤阙殆:与"阙疑"对称,此处应译为不做没有把握的事情。⑥寡:少。⑦悔:后悔。

【题解】

在本章中,子张向孔子请教如何做好官。孔子告诉他做官应当谨言慎行,少犯错误、少后悔。在他看来,为政者在说话的时候,应当注意自己的分寸,没有把握的事情,最好不要说也不要做,这才是对人民、对国家负责的态度。此外,这段话不仅是为政的方法,也是一个人立足于社会的根本原则,表明了孔子对知与行的深刻理解。

【译文】

子张向孔子请教求取官职俸禄的方法,孔子说:"多听别人说,把不明白的事情放到一边,谨慎地说出自己懂得的地方,就能减少自己的错误;多观察别人的行为,少做那些没有把握的事情,谨慎地办那些有把握的事情,就能少让自己后悔。说话少犯错误,做事很少后悔，官职俸禄自然就不成问题了。"

【原文】

2.19　哀公①问曰："何为则民服②？"孔子对曰："举直③错④诸⑤枉⑥，则民服；举枉错诸直，则民不服。"

【注释】

①哀公：鲁国国君，姓姬，名蒋，鲁定公之子，在位二十七年（公元前494—前466年），"哀"是其谥号。②服：归顺、服从、信服。③直：正直（的人）。④错：同"措"，安置，废黜。⑤诸：之于。⑥枉：邪曲、不正直（的人）。

【题解】

在本章中，鲁哀公向孔子请教怎样才能赢得民众的拥护，治理好国家。孔子针对当时的鲁国国情，向鲁哀公提出了树立好的榜样、大力荐举贤才的用人思想，这也是孔子以德治国思想的重要组成部分。春秋时期选用官吏，主要是按宗法制度的规定，唯亲是举，很少考虑此人是否贤能。而孔子所提出的"任人唯贤"的思想，一经提出就引起了一阵轩然大波，并深深地影响着后世的荐举制度。

【译文】

鲁哀公向孔子问道："我要如何做才能让百姓信服于我呢？"孔子回答道："提拔正直的人，使他们的地位高于那些不正直的人，百姓们就能顺服了；倘若提拔那些不正直的人，并让他们的地位高于那些正直的人，百姓就不会顺服了。"

【原文】

2.20　季康子①问："使民敬②、忠③以④劝⑤，如之何？"子曰："临⑥之以庄⑦则敬，孝慈⑧则忠，举善而教不能⑨则劝。"

【注释】

①季康子：姓季孙，名肥，鲁国正卿，"康"是他的谥号。②敬：恭敬、严肃。③忠：忠诚。④以：作连词，可译为"和、或"。⑤劝：勉励、劝勉。⑥临：对待。⑦庄：庄重、严肃。⑧孝慈：孝顺、慈爱。子女对父母为孝，父母对子女为慈。⑨不能：能力差的人。

【题解】

从表面上看，季康子是在向孔子请教治理百姓的方法，但是孔子却告诉了他一些做人的道理，要他努力提高自身的道德修养和品质。乍看之下，这与政治似乎并没有关联，实际上仍是在谈论如何为政。在孔子看来，"礼治"与"德治"不只是用来教化老百姓的，也是对为政者的要求。为政者若是保持着庄重严谨、孝顺慈祥的态度，老百姓也会尊敬他们、真心向善，怎么还会再去招惹事端呢？

【译文】

季康子向孔子请教治国的方法，并问道："如何做才能让百姓恭敬、忠诚并互相勉励？"孔子说："如果你用庄重严肃的态度对待他们，他们对你就会非常恭敬；若是你能孝顺自己的父母、爱护自己的子女，他们就会忠诚于你；若是你能选贤用能，教育那些能力较差的人，他们就会互相勉励。"

【原文】

2.21 或①谓孔子曰："子奚②不为政？"子曰："《书》③云：'孝乎！惟孝，友于兄弟，施于有政④。'是亦为政，奚其为为政？"

【注释】

①或：有人。②奚（xī）：疑问词，译为"为什么、怎么、何"。

③《书》：此处指《尚书》。"《书》云"以下三句见于《古文尚书·君陈》。④施于有政：施，施加、影响、延及；"有"在本句中并无具体的意义，翻译时可省略。施于有政即施于政，在本文中应理解为把孝道影响到政治上去。

【题解】

本章反映的主题还是孔子"以德治国"的思想主张。在他看来，治理国家应当以"孝"为本，只有行孝的人才有资格执政，担任国家的官职。孔子在此处将亲情扩充到了人与人之间的仁德友爱之心，更是把治家之道延伸到了治国方略之上，他的这种思想并不受时代的限制，即便是放到现代依然适用。

【译文】

有人问孔子道："你怎么不去从政呢？"孔子说："《尚书》中说道：'孝呀，只有孝顺父母，友爱兄弟，才能将孝悌的精神影响到政治上去。'这就是参与了政治，为什么非要做官才算参与政治呢？"

【原文】

2.22 子曰："人而①无信②，不知其可也。大车③无輗④，小车⑤无軏⑥，其何以行之哉？"

【注释】

①而：如果。②信：诚信。③大车：指牛车。④輗（ní）：牛车车辕和横木衔接的活销。⑤小车：指马车。⑥軏（yuè）：马车车辕前端与车横木衔接处的销钉。

【题解】

孔子在本章中说明了诚信在执政过程中的重要性，并用一个形象比喻作为阐述。在他看来，诚信是一个人立身处世的基点，是任何社会群体都应遵守的普遍礼俗和道德规范，也是维系整个社会安定团结的关键。

【译文】

孔子说："一个人如果不讲诚信，真不知他能做什么。那样就好比大车没有輗，小车没有軏一样，如何能够行驶呢？"

【原文】

2.23 子张问："十世①可知也②？"子曰："殷③因④于夏礼，所损益⑤，可知也；周因于殷礼，所损益，可知也；其或继周者，虽百世可知也。"

【注释】

①世：古时称三十年为一世，一世又称作一代。也有人将"世"译为朝代。②也：表疑问的语气词，无实际意义。③殷：即商朝，因其都城在殷（今河南安阳）又称殷朝或殷商。④因：因袭、沿袭、继承。⑤损益：减少和增加。

【题解】

在本章中，孔子提出了一个重要的概念：损益，指的是增减、兴革。也就是对前代典章制度、礼仪规范等不但要有所继承和沿袭，也要进行适当的改革和变通。并且，他还以各朝对礼的发展与继承关系，指出了变革应当建立在原有的基础之上，阐明了损益的规律。

【译文】

子张向孔子问道："现在可以预知十代以后的礼制吗？"孔子说："殷商继承了夏朝的礼仪制度，其中所废除和增加的内容是可以知道的；周朝承袭了殷商的礼仪制度，其中所废除和增加的内容也是可以知道的。那么以后若是有能沿袭周朝礼制的朝代，即便是在一百代以后，也是能够预知的。"

【原文】

2.24　子曰："非其鬼①而祭②之，谄③也。见义④不为，无勇也。"

【注释】

①鬼：古代将死人统称为鬼，在本章中指代祖先。②祭：祭祀，一般的祭祀多为吉祭，目的是为了祈求幸福或其他。③谄：谄媚、奉承。④义：正义的事情。

【题解】

孔子在本章中提到"义"和"勇"，都与儒家提倡的道德修养有关。何晏在《论语集解》中对其解释为："义，所宜为。符合于仁、礼要求的，即为义。勇，就是果敢，勇敢。"在孔子眼中，只有符合"仁、义、礼、智"的"勇"，才是实行"仁"的条件之一，否则就是"犯上作乱"。

【译文】

孔子说："不是自己应该祭祀的鬼神而去祭祀，那是献媚；见到合乎正义的事却袖手旁观，那是怯懦。"

八佾篇第三

【原文】

3.1 孔子谓季氏①:"八佾②舞于庭,是可忍③也,孰不可忍也?"

【注释】

①季氏:季孙氏,鲁国大夫,是三大贵族中最有权势的一家。当时鲁国国君出走,国政由季氏把持。②八佾(yì):古代奏乐时的舞蹈,每行各八人,称为一佾。天子礼乐可用八佾,也就是六十四人;诸侯六佾,四十八人;大夫四佾,三十二人。季氏身为大夫应用四佾,此处用八佾也是僭越了礼乐。③忍:有两解:一是忍心,二是忍耐、容忍。本章按第一种解释。

【题解】

在春秋晚期,整个周室王朝都陷入了礼崩乐坏的边缘,社会也处在剧烈的动荡变化期,各诸侯国违背周礼、犯上作乱的事情更是层出不穷。季孙氏作为鲁国最有权势的贵族,僭用八佾舞于庭院,就是破坏周礼的典型。孔子对此表现出了极大的愤慨,尤其是"是可忍孰不可忍"这一句，更是反映出了孔子性格鲜明的一面，表现出了他做人、做事都是有章可循的德行。

【译文】

在谈到季孙氏时，孔子说："他在自己的家庙之中用了天子的八佾之舞，这样的事都忍心做得出来，那他还有什么事情不敢做呢？"

【原文】

3.2　三家①者以《雍》②彻③。子曰："'相维辟公，天子穆穆④'，奚取于三家之堂？"

【注释】

①三家：是指鲁国当政的三大贵族，即孟孙氏、叔孙氏和季孙氏。②《雍》：《诗经·周颂》中的一篇，是古代天子在举行祭祀之礼时所唱的诗。③彻：同"撤"，指的是古代祭礼完毕后的撤祭。④"相（xiàng）维辟（bì）公，天子穆穆"：出自《雍》诗。相，助祭的人。维，助词，可译为"是"。辟公，指诸侯。穆穆，庄严肃穆的意思。

【题解】

本章与前一章谈论的内容差不多，都是在讲鲁国当政者僭礼的事件。孔子对这些以下犯上的越礼行为，依然表现得十分愤慨。在他看来，天子有天子之礼，诸侯有诸侯之礼，作为维持秩序的根本，只有各自依礼行事，才能保证天下的太平。孔子在此处面对三家之乱，除了愤慨，也只能无奈地发出一声感叹而已！

【译文】

孟孙氏、叔孙氏和季孙氏三大家族在祭祖时，唱着《雍》这首诗歌来撤除祭品。对此，孔子说道："《雍》诗说的是'各方诸侯都是助祭,而庄严肃穆的天子才是主祭'。这样的诗句怎能出现在三家祭祀的庙堂之上呢?"

【原文】

3.3 子曰:"人而不仁,如礼何①?人而不仁,如乐②何?"

【注释】

①如礼何:如何对待礼仪制度呢? ②乐:文学、音乐。

【题解】

"礼"是一种社会规范,"乐"是一种社会文化,主要用来表达人们思想情感,有点类似于现代的文学作品,不仅仅指音乐。"礼"可以调整人的行为,"乐"能陶冶人们的情操。二者的作用均是为了帮助人们塑造完整的人格,也是追求"仁"必用之法。倘若人们只重视外在的形式,不去注重"礼""乐"的实际意义,就无法形成完善的人格,达到更高的思想境界。

【译文】

孔子说:"做人若是没有仁德之心,应当如何对待礼仪制度呢?做人若是没有仁德之心,又该如何对待文学和音乐呢?"

【原文】

3.4 林放①问礼之本。子曰:"大哉问!礼,与其奢②也,宁俭;丧,与其易③也,宁戚④。"

【注释】

①林放:鲁国人,相传为孔子的得意弟子之一。②奢:奢侈、奢华。③易:治理,办妥。④戚:忧愁、悲伤。

【题解】

在本章中,孔子阐明了"礼"的根本是什么。在他眼中,"礼"

就是以真实的存在为基础的,并非是虚文浮饰的东西。孔子虽然没有正面回答林放的问题,不过,夫子还是道出了"礼"的根本问题并不在于形式,而在于人们的内心是否有"礼",只有真实、真诚与真心才是"礼"的根本。

【译文】

林放向孔子请教礼的根本。孔子说:"这个问题意义重大呀!对于'礼'来说,与其追求形式上的奢华,倒不如俭朴自然一些的好;丧葬之礼,与其在仪式上样样周全,倒不如内心真正地悲痛。"

【原文】

3.5 子曰:"夷狄①之有君,不如诸夏②之亡③也。"

【注释】

①夷狄:泛指我国古代除了中原汉族以外的其他少数民族。②诸夏:是对当时中原地区各诸侯国的总称。③亡(wú):通"无",没有的意思。

【题解】

本章是孔子对当时各诸侯国内君不君、臣不臣的感伤之语。夫子在此处非常明确地亮出了自己的思想观念,并被后人发扬光大,形成了"夷夏之防"的传统观念,意在倡导礼乐文明的重要性。

【译文】

孔子说:"在偏远落后的国家,即使有君主统治,也不如中原诸国没有君主。"

【原文】

3.6 季氏旅①于泰山。子谓冉有②曰:"女③弗能救④与?"对曰:"不能。"子曰:"呜呼!曾谓泰山⑤不如林放乎?"

【注释】

①旅：祭山，这里作动词用。按照周礼规定，只有周天子和各国诸侯才有资格祭山。②冉有：名求，字子有，孔子的学生，当时正在季氏门下做事。③女：同"汝"，你。④救：阻止，挽回。⑤泰山：此处指泰山之神。

【题解】

在本章中，孔子对季孙氏的"僭礼"行径再次进行了抨击。在当时，于泰山进行祭祀之礼是周天子和鲁国君主的特权，就连其他诸侯都只能作为助祭参加，更何况是鲁国的大夫呢！可是，季孙氏却无视王权的存在，公然跑去泰山祭祀，是对传统礼制发起的挑战。

【译文】

季孙氏要去祭祀泰山，孔子就对冉有说："你不能加以阻止吗？"冉有回答说："不能。"孔子说："哎！难道说泰山之神还不如林放懂礼吗？"

【原文】

3.7　子曰："君子无所争①。必也射②乎！揖③让而升，下而饮④，其争也君子。"

【注释】

①争：争斗，不正当的竞争。②射：本意为射箭，但在此处指的是古代的射礼。③揖：作揖，即拱手行礼。④饮：饮酒。

【题解】

孔子在本章中强调了君子之争应该是有法则、有秩序的公平竞争。那些不讲礼节、不公正的竞争，并非君子之为，是不可取的做法。夫子在这里所说的"君子无所争"，这个"争"字指的就是争斗、不合理的竞争，也是孔子极为反对的做法。

【译文】

孔子说："君子之间没有什么可争的事情。如果有的话，那就是射礼了。双方之间若是在上场前互行揖让之礼，比完之后又一同登堂饮酒，这也是君子之争啊！"

【原文】

3.8　子夏问曰："'巧笑倩①兮，美目盼②兮，素③以为绚④兮。'何谓也？"子曰："绘事后素。"曰："礼后乎？"子曰："起⑤予者商也！始可与言《诗》已矣。"

【注释】

①倩：容貌美丽。②盼：眼睛黑白分明，形容眼神很动人。③素：白色。④绚（xuàn）：文采华丽。这是《诗经·卫风·硕人》中的诗句，但据传原诗中只有前两句，第三句可能是逸诗。⑤起：启发。

【题解】

孔子通过绘画的比喻，让子夏体悟到了"仁"和"礼"的关系。在孔子看来，外在的礼节仪式与内心的真实情感应该是统一的，就好比绘画一般，只有在洁白的画布之上能绘出绚丽多彩的图案。同时，夫子还对子夏能够从"绘事后素"中体会出"礼后乎"的道理提出了表扬。

【译文】

子夏问道："'迷人的笑脸多美呀，顾盼生姿的眼神多动人啊，这就好像是在洁白的画布上描绘着美丽的图案！'这几句诗的意思是什么呢？"孔子说："绘画之前应当先准备好白色的画布，而后才能在上面作画。"子夏说:"照您这么说,礼仪规范就是在有了仁德之心以后才产生的了?"孔子说:"卜商啊,能够启发我的人就是你啊!现在可以和你讨论《诗经》了。"

【原文】

3.9 子曰:"夏礼,吾能言之,杞①不足征②也;殷礼,吾能言之,宋③不足征也。文献④不足故也。足,则吾能征之矣。"

【注释】

①杞:国名,杞国君是夏禹的后代,因周初被封于杞(今河南杞县)而得名。②征:证明、验证。③宋:国名,宋国君是商汤的后代,因受封于宋地(今河南商丘市南)而得名。④文献:指古代典籍和贤人,不同于今义。文,指古代典籍。献,指贤人。

【题解】

在本章中,孔子表明了自己熟知夏商两朝的礼制,只要有足够的典籍资料,就能对他的理解做出证明,反映出了孔子实事求是的态度。另外,孔子此言还隐藏着另外一层含义,即他不仅熟知前朝礼制,对于本朝礼制更是了如指掌,他希望通过自己的努力让人们都能恪守礼制,但是由于僭礼的人太多了,让他有些力不从心。

【译文】

孔子说:"夏朝的礼仪制度,我能说得出来,但是它的后代杞国却不能提出有力的证明;殷商的礼仪制度,我能说得出来,但是它的后代宋国也提不出有力的证明。造成这种结果的原因是杞、宋两国的典籍资料与贤人不足的缘故。倘若有足够的典籍资料和懂礼的人才,我就能验证这两朝的礼制了。"

【原文】

3.10 子曰:"禘①自既灌②而往者,吾不欲观之矣。"

【注释】

①禘（dì）：周礼的一种，旧天子丧，新天子奉其神主入庙，并历代君主大祭于太庙，是一种极为隆重的祭礼，也只有天子才能举行。②灌：祭礼开始时，向代表受祭者献酒的仪式，也是禘礼中的第一次献酒。

【题解】

禘礼是一种非常隆重的祭礼，只有天子才能举行。可是，鲁公举行的禘礼已然超越了诸侯礼制的规范，属于僭越的行为。此外，孔子此言也道出了鲁国内礼乐崩坏的程度，表达了自己对现状的不满。

【译文】

孔子说："举行禘祭的仪式，在完成第一次献酒以后，我就不想再看下去了。"

【原文】

3.11 或问禘之说①。子曰："不知也。知其说者之于天下也，其如示②诸斯③乎！"指其掌。

【注释】

①禘之说：关于禘祭的规定。②示：有两种解释，一是"展示、摆放、摆明"的意思；二是通"视"，看得见。这里取第一种。③斯：指后面的"掌"字。

【题解】

在孔子看来，鲁国的禘祭之礼是不符合礼制的。别人问他关于禘祭的事情，他故作不知，是想借机启发别人，告诉他们只有循规蹈矩、谨守本分才能治理好国家。也就是说，只要能够恢复礼制，懂得禘祭的道理，就能轻松地治理天下。

【译文】

有人问孔子关于禘祭的规定,孔子说:"不知道。懂得禘祭之礼的人,在治理天下时,应该像把东西放在手心里一样容易吧!"他一边说,一边指着自己的手掌。

【原文】

3.12 祭如在,祭神如神在。子曰:"吾不与①祭,如不祭。"

【注释】

①与(yù):参加、参与。

【题解】

孔子在本章中阐述道,在祭祀祖先或者鬼神的时候,应像面对祖先鬼神一样恭敬,强调参加祭祀的人,应当在内心有着虔诚的情感。在平日里,孔子是很少提及神鬼之事的。因此,夫子此言也不是在说神鬼等宗教之说,而是借机阐明祭祀是个道德精神上的问题。

【译文】

在祭祀祖先的时候,应当视祖先真的在面前一样;在祭祀神明的时候,应当视神明真的在面前一样。孔子说:"倘若我没有亲自参加祭祀,那就和没有祭祀一样。"

【原文】

3.13 王孙贾①问曰:"'与其媚于奥②,宁媚于灶③',何谓也?"子曰:"不然,获罪于天,无所祷也。"

【注释】

①王孙贾:卫国权臣。据传他本是周朝王室贵戚,只因得罪过周王,只能从仕于卫国。在本章中,他用的是比喻,带有强烈的挑

衅意味。②奥：屋内西南角的神，此处历来被人视作尊位。③灶：灶神。王孙贾在本章中将卫灵公比作奥神，并以灶神自喻，暗示孔子逢迎自己要比巴结卫灵公及南子获得的好处多。

【题解】

在古时，人们认为奥神的地位要比灶神高。王孙贾本是卫国的权臣，在本章中，他将卫灵公比作奥神，将其身边有权势的臣子比作灶神，其言下之意是想劝解孔子，奉承卫灵公不如奉承自己。孔子对此则不以为然，他觉得一个人做事绝对不能违背道理，只要顺道而行，根本就不用去谄媚于人。否则，极易得罪于上天，对自己没有一点好处。

【译文】

王孙贾向孔子问道："'与其奉承奥神，还不如巴结灶神'，这句话是什么意思？"孔子说："不是这样的。倘若得罪了上天，无论你到哪里祷告求情都没有用。"

【原文】

3.14　子曰："周监①于二代②，郁郁③乎文④哉！吾从⑤周。"

【注释】

①监（jiàn）：通"鉴"，借鉴。②二代：指夏、商二朝。③郁郁：细致完善。④文：指礼乐制度。⑤从：赞同、接受。

【题解】

孔子对夏、商、周的礼仪制度，有着极深的造诣。在他看来，整个社会的历史都是延续的，在王朝更迭交替的时候，必然会有所承继和沿袭。而周礼就是在夏、商二朝礼制的基础之上发展起来的，有着完备的礼乐制度。因此，孔子主张天下之人都应遵从周礼。

【译文】

孔子说:"周朝的礼仪制度是参照夏朝和商朝修订的,内容细致完善。我遵从周朝的礼仪制度。"

【原文】

3.15 子入太庙①,每事问,或曰:"孰谓鄹②人之子知礼乎?入太庙,每事问。"子闻之,曰:"是礼也。"

【注释】

①太庙:开国的君主叫太祖,太祖的庙就叫太庙。此处指的是周公的庙,因为周公是鲁国最先受封的君主。②鄹(zōu):鲁国地名,位于今山东曲阜东南。由于孔子的父亲曾在此处做过大夫,故称其为鄹人。

【题解】

孔子到了周公的太庙以后,每件事都要问。别人虽然知道孔子熟知周礼,可是对他还是产生了些许的怀疑。不过,从孔子的回答中,我们可以看出,孔子并没有将自己当作"礼"学专家看待,而是虚心地向人请教。同时,这也说明了他对祭祀大典的诚敬谨慎,这才是真正的懂礼。

【译文】

孔子到了周公庙,每件事都会细细地询问。有人说:"谁说鄹人叔梁纥的儿子懂礼啊?你看他到了太庙里,每件事都要问人。"孔子听到这话后,说道:"这才是礼啊!"

【原文】

3.16 子曰:"射不主皮①,为②力不同科③,古之道也。"

【注释】

①射不主皮：礼乐中的射以中不中为主，并不以是否穿破皮为主。皮，代指箭靶。古代的箭靶是用布或皮做成的，有时也称"皮"或"侯"。②为（wèi）：因为。③同科：同等，同级。

【题解】

孔子此处讲的"射"并不是军事上的射箭，而是周礼的一种，是周朝贵族们经常举行的一种礼节仪式。孔子在本章中阐明了"射礼"重在能否射中目标，而非能否射穿箭靶。其主要意思还是在说，只要懂得了礼制的核心意义，至于如何去做就要因人而异了。

【译文】

孔子说："比赛射箭，由于人与人之间的力气大小不同，并不能以他人能否射穿皮做的箭靶子为准，这可是古时候的规则。"

【原文】

3.17　子贡欲去①告朔②之饩羊③。子曰："赐也，尔爱其羊，我爱其礼。"

【注释】

①去：去掉，废除。②告朔：朔为每月的第一天。周天子于每年秋冬之交向诸侯颁布来年的历书，历书会指明来年有无闰月、每月的朔日是哪一天，这就是"告朔"。③饩（xì）羊：诸侯接受历书后，藏于祖庙。每逢初一，便杀一头羊祭于庙。羊杀而不烹叫"饩"（烹熟则叫"飨"）。告朔饩羊是古代延续下来的一种祭礼制度。

【题解】

在古时，天子每年在秋冬之际，都会向各诸侯国颁发来年的历书，而各诸侯国在领受历书后应将其藏放于祖庙，并按照规定每月初一都要杀一只活羊进行祭庙。当时鲁国的君主已不亲自到祖庙之中进行"告朔"了，只是杀只羊走走形式而已。对此，子贡才提出了免掉"饩羊"的供奉。可是，子贡的这种想法却遭到了孔子的反对，说明孔子对于这些古礼的重视。

【译文】

子贡想把每月初一告祭祖庙的羊省去不用。孔子说："赐呀！你可惜的是那只活羊，而我可惜这种礼。"

【原文】

3.18 子曰："事君尽礼，人以为谄也。"

【题解】

本章从侧面反映出了当时的君臣关系，即臣事君主多无礼。倘若有人以礼事君，就极易遭到无德之人的诽谤。对此，孔子也是深感无奈。

【译文】

孔子说："按照礼节去侍奉君主，别人却觉得这是故意讨好君主。"

【原文】

3.19 定公①问："君使臣，臣事君，如之何？"孔子对曰："君使臣以礼，臣事君以忠。"

【注释】

①定公：即鲁定公，姓姬名宋，"定"是其谥号。

【题解】

在本章中，孔子阐述了君臣之礼的主要内容，即国君依礼启用臣子，而臣子则应尽忠于国君。从语意上分析，孔子对国君的要求似乎更多一些,并强调国君应当礼待下臣,才能保证臣子对自己忠心无二。

【译文】

鲁定公问:"国君使唤臣子,臣子服侍君主,各应该怎么做?"孔子答道:"君主应该按照礼节使唤臣子,臣子应该用忠心来服侍君主。"

【原文】

3.20 子曰:"《关雎》①,乐而不淫②,哀而不伤③。"

【注释】

①《关雎(jū)》:《诗经》中的第一篇。②淫:过分。③伤:过于哀伤。

【题解】

《关雎》是《诗经》中的名篇,诗中承认了男女之爱是自然而正常的情感,但是对此应当加以克制,使其符合社会的美德。孔子此言既是赞美本诗表达的情感适度,哀乐而不失其正,也是他对"中庸"之道的推崇。

【译文】

孔子说:"《关雎》这首诗,表达的情感快乐而不放荡,哀愁而不过于痛苦。"

【原文】

3.21 哀公问社①于宰我②。宰我对曰:"夏后氏以松,殷人以柏,周人以栗,曰,使民战栗。"子闻之,曰:"成事③不说④,遂事⑤不谏⑥,既往不咎⑦。"

【注释】

①社：祭祀土神的庙。②宰我：名予，字子我，孔子的学生。③成事：已经做完的事。④说：提起，劝说。⑤遂事：虽然事未成，但也差不多了。⑥谏：劝说，提意见。⑦咎：名词作动词，追究过错。

【题解】

古代立国时，都要建一座祭祀土神的庙，里面供奉神灵的牌位，大多选用当地生长的树木。在鲁哀公问社于宰我时，其将周朝用栗木做牌位理解成了"使民战栗"的意思，这是对周礼的一种妄解。孔子对宰我的这番解释提出了批评，但也提出了事已至此，没有必要再追究下去了。

【译文】

鲁哀公问宰我，土地庙内的牌位应当用什么木料。宰我回答道："夏朝的时候人们用松木，殷商时用的是柏木，周朝人用的栗木，其意是让老百姓对君主产生战栗心理。"孔子听到宰我的解释以后，就告诫他说："已经过去的事不用再提了，将要完成的事情也不必再劝了，事情既然已经发生了就不要再去追究了。"

【原文】

3.22 子曰："管仲①之器②小哉！"或曰："管仲俭乎？"曰："管氏有三归③，官事不摄④，焉得俭？""然则管仲知礼乎？"曰："邦君树塞门⑤，管氏亦树塞门。邦君为两君之好，有反坫⑥，管氏亦有反坫。管氏而⑦知礼，孰不知礼？"

【注释】

①管仲：名夷吾，齐桓公时任上卿（相当于宰相），为齐桓公称霸于诸侯起了不小的作用。②器：器量，器度。③三归：汉刘向

《说苑》说三归为"管仲筑三归之台,以自伤于民",即"有三处居所"的意思。④摄:兼任。⑤树塞门:树,树立、建立。塞门,在大门口处筑起的一道短墙,以区别内外,也指屏风、照壁等。⑥反坫(diàn):古代君主招待别国国君时,用于放置酒杯的土台。⑦而:如果、假如。

【题解】

在整部《论语》中,孔子对管仲的评论一共有四处,其中有批评的内容,也有肯定的部分。在本章中,孔子主要就节俭和知礼两方面对管仲提出批评,其目的主要是为了宣扬儒家思想中的"节俭"和"礼制"。他觉得,管仲虽然治国有方,但却欠缺礼乐之心,在这方面做得不好。

【译文】

孔子说:"管仲的器量太小啦!"有人问:"管仲节俭吗?"孔子说:"管仲有三处豪华的宅邸,他手下的人都是专职,官员编制严重超员,这怎么能算是节俭呢?""那么管仲懂礼仪吗?"孔子说:"国君在宫门前建有照壁,管仲也在自家建个照壁;国君为了招待外国君主,就在堂上设置了放置酒杯的土台,管仲也在自己家里设有这种土台。如果说管仲知礼的话,那么还有谁不知礼呢?"

【原文】

3.23 子语①鲁大师②乐,曰:"乐其可知也:始作,翕③如也,从④之,纯⑤如也,皦⑥如也,绎⑦如也,以成⑧。"

【注释】

①语(yù):作动词用,说、告诉。②大(tài)师:太师,乐官名。③翕(xī):和顺、协调。④从(zòng):同"纵",放纵、展开。⑤纯:美好、和谐。⑥皦(jiǎo):清晰,或音节分明。⑦绎:

连续不断。⑧以成：以之而成，即以从之纯如、皦如、绎如三者而成。

【题解】

乐是孔子倡导礼制的重要内容之一。在本章中，孔子就鲁国乐官演奏音乐的全过程谈到了自己的感受。从孔子的评价中，我们不难看出他在音乐方面的造诣丝毫不逊色于鲁国当时的大乐师，这也为他宣传礼乐教化打下了坚实的基础。

【译文】

孔子对鲁国乐官说道："音乐是可以了解的。在音乐开始演奏时，各种乐器合奏的声音洪亮而优美；随着慢慢打开的节奏，音乐也会变得悠扬悦耳、音节分明、气势连绵不断，直至完成。"

【原文】

3.24 仪①封人②请见③，曰："君子之至于斯也，吾未尝不得见也。"从者④见之⑤。出曰："二三子何患于丧⑥乎？天下之无道也久矣，天将以夫子为木铎⑦。"

【注释】

①仪：仪，地名，据考证位于今河南兰考附近。②封人：典守边疆的小官。③请见：请求会见。④从者：本文指孔子随行的弟子。⑤见之：领他去见（孔子）。⑥丧（sàng）：失掉官位。⑦木铎：以木为舌的铜铃，古代用此召集人民，宣布政教法令，在本章中有导师之意。

【题解】

从本章的语言描述中我们可以看出，当时的孔子已经非常有影响力了，而且慕名前来请教的人也很多，仪封人只是其中之一。他在见过孔子之后,就觉得孔子是上天派下来教化天下万民的,并做出了孔子必将垂教万世的预言。

【译文】

仪地的一个小官请求会见孔子,他说:"凡是到这里来的君子,我没有不求见的。"孔子随行的学生们就领他去见了孔子。待出来以后,他对孔子的学生们说:"你们几位为什么担心先生会失去官职呢?天下的秩序混乱已经很长时间了,夫子就是上天派下来用以教化万民的啊。"

【原文】

3.25 子谓《韶》①:"尽美②矣,又尽善③也。"谓《武》④:"尽美矣,未尽善也。"

【注释】

①《韶》:也称《韶虞》,古代乐曲名,相传为虞舜时的乐曲名。②美:指乐曲的声音美妙动听。③善:指乐曲的内容美好动人。④《武》:也称《武象》,古代乐曲名,相传为周武王时的乐曲名。

【题解】

"尽善尽美"一词便是出自本章,这是孔子就《韶》和《武》这两种乐曲发表的看法。孔子本人既重视艺术的形式美,也很注重艺术内容的善,这也是他的美学理想。

【译文】

孔子在谈到《韶》的时候说:"乐曲非常完美,内容也很好。"谈到《武》的时候说:"乐曲非常完美,可是内容还不是最好的。"

【原文】

3.26 子曰:"居上不宽,为礼不敬,临丧不哀,吾何以观之哉!"

【题解】

本章是《八佾》一篇的总结,充分体现了孔子对礼制的推崇。在孔子眼中,无论是做人还是治国,都应从根本上做起,即做人做事都要心存恭敬、真诚与宽厚。如果没有这种心态,即使身处高位、行礼仪,也不足为人道。

【译文】

孔子说:"居于统治地位的人,倘若不能宽以待人,行礼的时候不够恭敬严肃,遭遇丧葬之事不是真的哀痛,对此我怎能看得下去呢?"

里仁篇第四

【原文】

4.1 子曰:"里①仁为美。择不处②仁,焉得知③?"

【注释】

①里:可作名词讲,即"住处";也可以作动词讲,即"居住"。两种意思都能解释得通,此处按第一种解释。②处:居住。③知:同"智",明智。

【题解】

本章从居住的环境、朋友的选择等方面,揭示了外部环境对于个人修养的重要影响。在孔子看来,周围的环境对人的发展有着重大的影响。因此,他提出了居必择仁的原则。只有多与有仁德的人交往,才能在耳濡目染之下,受到他们的熏陶,培养自己的德行,这才是明智的选择。所谓近朱者赤、近墨者黑,就是这个道理。

【译文】

孔子说:"和有仁德的人住在一起才是好的,若是选择的住处与有仁德者不在一起，怎能说是明智的选择呢？"

【原文】

4.2 子曰："不仁者不可以久处约①，不可以长处乐②。仁者安仁，知③者利④仁。"

【注释】

①约：穷困、困窘之意。②乐：安乐。③知：通"智"，智者、有智慧的人。④利：利用。

【题解】

在本章中，孔子突出强调了做人应当以仁为本。在他看来，一个没有仁德之心的人，若是长期处在贫困或是安乐的环境中，只会变得更加堕落或骄奢淫逸。而拥有仁德之心的人却能安于仁，拥有大智慧的人会利用仁，无论在任何环境下，他们都能保持住内心的那片清明，做到矢志不移，谨守自己的节操。

【译文】

孔子说："没有仁德之心的人不可能会长久地安于穷困的状况，也不可能长久地享受安乐的生活。拥有仁德之心的人会安心于推行仁爱的精神，拥有大智慧的人会好好利用这种仁爱的精神。"

【原文】

4.3 子曰："唯仁者能好①人，能恶②人。"

【注释】

①好（hào）：爱好。②恶（wù）：厌恶。

【题解】

在本章中，孔子认为只有仁德之人处事时才是最公正的。因为，这种人没有私心，不会故意偏袒好人，或是故意构陷恶人，能够辨明好恶,做出正确的评断。

【译文】

孔子说:"只有讲仁爱的人,才能够恰当地喜爱某人、厌恶某人。"

【原文】

4.4 子曰:"苟①志于仁矣,无恶②也。"

【注释】

①苟:如果,假使。②恶:坏事、恶行。

【题解】

本章在结构上与前一章是一致的,强调的依然是"仁"。在孔子看来,"仁"是做人的根本,并勉励人们若是立志行"仁",就能够远离一切坏事、烦恼事,也不会出现犯上作乱、为非作歹等事情。不仅有利于国家的发展,还有利于百姓的安定团结。

【译文】

孔子说:"一个人如果立志追求仁德,就不会去做坏事了。"

【原文】

4.5 子曰:"富与贵,是人之所欲也,不以其道①得之,不处②也;贫与贱,是人之所恶也,不以其道得之,不去③也。君子去仁,恶乎④成名?君子无终食之间违仁,造次⑤必于是,颠沛⑥必于是。"

【注释】

①不以其道:采用不正当的手法。②处:接受。③去:摆脱,下文中的"去"应理解为"背离"。④恶(wū)乎:恶,何处。恶乎,即"怎样"。⑤造次:急促、仓促。⑥颠沛:用以形容人事困

顿、社会动乱。

【题解】

在本章中，孔子谈到了一个很普遍的现象，即很多人都想行"仁"，但却摆脱不了社会上物欲的纠缠。在他看来，仁者不一定就是富贵的人，无论身处何种境况之下，他们都不会违背"仁"。即便是想获得荣华富贵，也会通过正当的手段获得。否则，他们宁肯苦守清贫也不会谋取那不义之富贵。

【译文】

孔子说："富贵是每个人都想得到的，但若用不正当的手段得到的富贵，真正的君子是不会安心的。贫贱是人们所厌恶的，但若通过不正当的途径脱贫致富，真正的君子是不屑于这样做的。倘若君子背离了仁的准则，又怎能称为君子呢？哪怕只有一顿饭的工夫，君子也不会背离仁德，即使是在匆忙的情况下也会谨守仁的准则，在颠沛流离的时候也会和仁同在。"

【原文】

4.6 子曰："我未见好仁者，恶不仁者①。好仁者，无以尚②之；恶不仁者，其为仁矣，不使不仁者加乎其身。有能一日用其力③于仁矣乎？我未见力不足者。盖④有之矣，我未之见也。"

【注释】

①好、恶：喜好、厌恶。②尚：通"上"，用作动词，超过的意思。③力：精力、力量。④盖：或许，大概。

【题解】

在本章中，孔子觉得只要自身努力去做了就是为仁，道德的修养要依靠自觉努力才能提高，是在向人们传授为仁的方法。而且，他还强调了为仁应当从即刻做起，只要今天行仁了，那就算是得到仁了，也就是后人所谓的"知行合一"。

【译文】

孔子说："我从来没有见过喜爱仁德的人，也没有见过厌恶不仁德的人。喜爱仁德的人，他们会觉得世界上没有什么会比行仁再好的了；而厌恶不仁德的人实行仁德，只是为了不让不仁德的事情发生在自己身上。有谁能在某一天把他的力量都用在仁德方面吗？我没见过办不到这件事情的人。也许真的有这样的人，只是我没有见过罢了。"

【原文】

4.7　子曰："人之过也，各于其党①。观过，斯②知仁③矣。"

【注释】

①党：类别。②斯：则，就。③仁：通"人"。

【题解】

在本章中，孔子提到了观察、了解一个人的方法。在他看来，观察一个人并不能只看他的优点，还要看他所犯下的错误有何特征，只有这样才能对他人做出客观的、正确的评价，避免有失宽厚和善良。

【译文】

孔子说："人所犯的错误，有很多种类型。只要能够看清那人所犯错误的性质，就能知道他的为人如何了。"

【原文】

4.8　子曰："朝闻道①，夕死可矣。"

【注释】

①道：道理，指真理。

【题解】

孔子在本章中强调，为人要向善，对于自己的理想，应当有着矢志不渝的精神。另外，本章中的这句话，也经常被人们当作追求真理的至理名言而引用。

【译文】

孔子说："若是早晨能够得知真理，即便是当晚死去也行。"

【原文】

4.9 子曰："士①志于道，而耻恶衣恶食者，未足与议也。"

【注释】

①士：古时居于四民之首，多为读书习武之人，其余三民为农、工、商。

【题解】

本章讨论的依然是"道"的问题，孔子觉得一个人若是沉迷于物质享受，是不会有远大前途的。像这种只顾眼前利益与安危的人，根本没有悟透"道"的精神，再与他们谈论"道"的问题，也只是徒劳无功而已。

【译文】

孔子说："读书人若是立志于追求真理，却又以衣着破旧、饭食粗糙为耻，是不值得和这种人谈论真理的。"

【原文】

4.10 子曰："君子之于天下也，无适①也，无莫②也，义③之与比④。"

【注释】

①适(dí)：有多种解释，第一种通"嫡"，意为亲近、厚待。另一种解释中，认为同"敌"，敌对、敌视。②莫：通"漠"，意为疏远、冷淡、固执。③义：适宜、妥当。④比：亲近、相近。

【题解】

在本章中，孔子对君子们提出了一项基本的要求，即"义之与比"。也就是说，君子若是行仁的话，在做人方面会很公正，不会偏私于哪一方，在做事方面也不会固执己见，能保证事情通达顺畅。

【译文】

孔子说："君子对于天下的人和事，都没有亲疏厚薄之分，只是按照义的标准去做。"

【原文】

4.11 子曰："君子怀德①，小人怀土②；君子怀刑③，小人怀惠④。"

【注释】

①怀德：怀念道德修养。②怀土：怀恋乡土，此处引申为安于现状。③刑：刑法、法制。④惠：恩惠。

【题解】

在本章中，孔子列举了君子与无德之人之间不同的道德观念。在他看来，君子行仁，自然怀德，对于国家的法度十分关心。然而，无德之人只知道满足于现状以及小恩小惠，其考虑的只有自己的利益。这在春秋时期是君子与小人之间最明显的区别之一。

【译文】

孔子说："君子心中想的是仁德之念，小人想的则是乡土之情。

君子关心的是国家的刑罚和法度,而小人则满足于一些小恩小惠。"

【原文】

4.12 子曰:"放①于利②而行,多怨。"

【注释】

①放(fǎng):有两种解释,一为"纵",即"纵心于利";二是"依据、依照",今多从后说。②利:这里指个人利益。

【题解】

在本章中,孔子道出了义与利的关系,这也是待人处世之道的核心问题之一。孔子认为,身为君子应当明白道大于利,而利归属于义的道理,若是一意孤行,唯利是图,无论做什么事情都很容易给自己招致怨恨。

【译文】

孔子说:"若是只依据个人的利益去做事的话,将会招致很多怨恨。"

【原文】

4.13 子曰:"能以礼让①为国乎,何有②?不能以礼让为国,如礼何③?"

【注释】

①礼让:礼节和谦让。②何有:"何难之有",不难的意思。③如礼何:怎么实现礼呢?

【题解】

孔子对于尧舜时期的禅让制十分向往。在他看来,礼主敬,只要依礼而行处事就会合宜。若是能够做到互相谦让,君臣上下就会一团和气,上下无争。作为统治者,在治理国家的时候,若是能够做到这些，就不会再有什么大的困难了。

【译文】

孔子说："若是能用礼节和谦让治理国家，那还会有什么困难吗？若是不能用礼节和谦让治理国家，又怎么能够实行礼制呢？"

【原文】

4.14 子曰："不患①无位②，患所以立③。不患莫己知④，求⑤为可知也。"

【注释】

①患：担心、忧虑。②位：职位，此处指做官。③立：同"位"，职位。④莫己知：不了解自己。⑤求：追求。

【题解】

这一章说明了君子求职在己。孔子并非不想身居官职，而是希望他的学生首先立足于自身的学问、修养、才能的培养，具备足以胜任官职的素质。

【译文】

孔子说："不愁没有职位，只愁没有足以胜任职务的本领。不愁没人知道我，应该追求能使别人知道自己的本领。"

【原文】

4.15 子曰："参①乎？吾道②一以贯③之。"曾子曰："唯④。"子出。门人问曰："何谓也？"曾子曰："夫子之道，忠恕⑤而已矣。"

【注释】

①参：曾子的名字。②道：学说。③贯：贯穿，贯通。④唯：应答声。⑤忠恕：真心待人叫作忠，推己及人叫作恕。

【题解】

曾参勤奋好学,深得孔子真传,对于孔子所言的道自然比较清楚。更何况,孔子一向都以忠恕之道自律,在他看来,待人忠恕才是仁的基本要求。而且,这在孔子思想的各个方面均有体现。因此,曾子的解释还是比较合理的。

【译文】

孔子说:"曾参呀!我的学说自始至终只有一条原则。"曾子答道:"是的。"孔子出去以后,其他学生就问曾子道:"夫子的话是什么意思?"曾子说:"夫子的学说只有忠和恕而已。"

【原文】

4.16 子曰:"君子喻①于义,小人喻于利。"

【注释】

①喻:通晓,明白。

【题解】

在本章中,孔子从义与利的角度,对君子与无德之人进行了划分。在他眼中,君子在追求个人利益的时候,会先考虑自己的所得是否合于义,并以此为原则规范自己的行为。但是,无德之人则不同,他们的眼中只有个人的利益,根本不会顾及自己的行为是否符合义。这种义利观对于我国历史的发展有着深远的影响。

【译文】

孔子说:"君子懂得的在义,小人明白的在利。"

【原文】

4.17 子曰:"见贤思齐①焉,见不贤而内②自省③也。"

【注释】

①思齐：考虑向……看齐。②内：内心。③省（xǐng）：反省。

【题解】

本章反映出了孔子谦虚好学的品质。而且，他还鼓励弟子应当多以贤人为榜样，不断地向他们学习，将他们作为自己修身养性的标准，时刻都要注意自我反省，改掉那些不当的陋习。

【译文】

孔子说："看见贤人就应该想着向他看齐；见到不贤的人，就要反省自己有没有类似的毛病。"

【原文】

4.18 子曰："事父母几①谏。见志②不从，又敬不违③，劳④而不怨。"

【注释】

①几（jī）：轻微，婉转。②志：观点、意见。③违：冒犯、忤逆。④劳：劳心、担忧。

【题解】

在本章中，孔子谈到了孝敬父母时的具体做法。在侍奉父母的时候，对于父母所犯的过失应当委婉地进行劝说，不能直接出言冒犯，应表现得恭敬无违。倘若父母不听子女的劝告，也不能出言顶撞，仍要对他们毕恭毕敬，不能有所怨言。

【译文】

孔子说："子女在侍奉父母的时候，如果发现他们的缺点应当委婉地进行劝止。倘若父母不愿意听从自己的意见，仍要对他们恭恭敬敬的，不能有所违抗，虽然忧心，但对父母不能有所怨恨。"

【原文】

4.19 子曰:"父母在①,不远游②。游必有方③。"

【注释】

①在:在世、活着。②游:指游学、求官。③方:去的方向,另指安顿父母之意。本章按前一种解释。

【题解】

在先秦时期,"父母在,不远游"可以说是有关孝道的具体标准之一,并对后世有着深远的影响,甚至还成为子女们处世进退的前提。对于现代的人们而言,这种原则虽然已经失去了其实际意义,但在行止之间心存父母还是很有必要的。

【译文】

孔子说:"父母还活着的时候,子女不远游外地;即使出了远门,也该有个明确的去处。"

【原文】

4.20 子曰:"三年无改于父之道,可谓孝矣。"

【题解】

本章与《学而篇》第11章内容相同,具体内容我们已在前文中叙述过了。由于本章是为了对前一章做出解释,阐述的对象也更加侧重于"仁"的内在要求,因此只摘录了其中的一句单独列出。

【译文】

孔子说:"做子女的若是能够长期按照父母的原则行事,那他就算是个孝子了。"

【原文】

4.21 子曰:"父母之年①,不可不知②也。一则③以喜④,一则以惧⑤。"

【注释】

①年：年龄。②知：知道，记在心里。③一则：一方面。④喜：因高寿而高兴。⑤惧：因衰老而恐惧。

【题解】

在本章中，孔子讲到关心父母的年龄也是尽孝的方式之一。父母高寿虽是喜事，可是正因为如此，他们在世的时间也会越来越短，其意在提醒大家，尽孝应当及时，免得到时候后悔莫及。

【译文】

孔子说："父母的年纪不能不知道，一方面因其长寿而高兴，一方面又因其年迈而有所害怕。"

【原文】

4.22　子曰："古者①言之不出②，耻躬之不逮③也。"

【注释】

①古者：古之君子。②出：轻易地出口。③逮（dài）：及，赶上。

【题解】

在本章中，孔子强调了做人应当谨言慎行，反对言过其行，更不要轻易地许诺，说到的事情就得做到。而且，孔子还借古人从不轻易说大话、空话并以此为耻的行为告诫人们，应当注意自己的言行，不可夸夸其谈、华而不实。

【译文】

孔子说："古代的君子从不轻易地出言许诺，因为他们知道实现不了诺言是很可耻的事情。"

【原文】

4.23 子曰:"以约①失②之者鲜③矣。"

【注释】

①约:约束,拘谨。②失:错误、过失。③鲜(xiǎn):少。

【题解】

在本章中,孔子谈到了自我约束和节制在为人处世中的重要性。他觉得一个人若想减少自己的过失,自我约束是必不可少的。

【译文】

孔子说:"因为约束自己而犯错误的人是很少见的。"

【原文】

4.24 子曰:"君子欲讷①于言而敏②于行。"

【注释】

①讷(nè):说话迟钝。这里的意思是说话要谨慎。②敏:敏捷、迅速。

【题解】

本章讲到了人们在工作生活中最重要的两条准则,即"言"和"行"。言是指言语应当慎重、有理有据,不能随便发言;行是指行为要干净利索。目的是为了告诫人们,做人应当低调些,而做事就应当高调些。

【译文】

孔子说:"君子说话应当谨慎小心,做事时则应勤奋敏捷。"

【原文】

4.25 子曰:"德①不孤②,必有邻③。"

【注释】

①德：有德的人。②孤：孤独、孤单。③邻：亲近、以……为邻。

【题解】

本章是孔子对于人们努力修养道德的勉励。在他看来，品德高尚的人永远不会被孤立，总能找到志同道合的人。

【译文】

孔子说："品德高尚的人不会孤独，一定会有志同道合的人和他做伴。"

【原文】

4.26　子游曰："事君数①，斯辱②矣；朋友数，斯疏③矣。"

【注释】

①数（shuò）：屡次，频繁。②辱：侮辱。③疏：疏远。

【题解】

本章用子游的这段话，间接地对本篇做了总结，表达出了孔子关于侍奉君主以及与朋友交往时的见解。无论是事君也好，还是交友也罢，双方都应把握好尺度，保证好沟通的和谐，不能单方面地去勉强别人，否则就会产生不快。

【译文】

子游说："侍奉君主若是过于烦琐和亲近，就会受到侮辱；对待朋友太过烦琐，就会被疏远。"

公冶长篇第五

【原文】

5.1 子谓公冶长①："可妻②也。虽在缧绁③之中，非其罪也。"以其子④妻之。

【注释】

①公冶长：齐国人（或说鲁国人），姓公冶，名长，孔子的学生。②妻（qì）：名词作动词，把女儿嫁给……为妻。③缧绁（léi xiè）：捆绑犯人的绳索。本章借指监狱。④子：儿女，此处指女儿。

【题解】

本章借孔子将自己的女儿嫁给公冶长一事，说明了公冶长是个贤德之人。当时的公冶长身处牢狱之中，但是孔子相信他是清白的，并对他做了较高的评价。不但如此，他还把女儿嫁给他，也表明了他不同于流俗的择人标准，暗含着他对黑暗的政治状况的抗争。

【译文】

孔子谈到公冶长时说："可以把女儿许配给他。虽然他曾经坐过牢，但那并不是他的罪过。"后来，孔子便将女儿嫁给了他。

【原文】

5.2 子谓南容①："邦有道，不废；邦无道，免于刑戮。"以其兄之子②妻之。

【注释】

①南容：姓南宫，名适（kuò），字子容。孔子的高足。②兄之子：孔子的哥哥孔皮，此时已去世，故孔子为侄女主婚。

【题解】

在本章中，孔子说得比较具体，南容善于处世，在治世能有作为，在乱世能保全自己。正因如此，他才将自己的侄女嫁给了南容，这也反映了孔子的择人标准唯贤与德。

【译文】

孔子评论南容时说："国家政治清明时，他不会被罢免；国家政治黑暗时，他也可免于刑罚。"就把自己兄长的女儿嫁给了他。

【原文】

5.3 子谓子贱①："君子哉若人②！鲁无君子者，斯焉取斯③？"

【注释】

①子贱：姓宓（fú），名不齐，字子贱，孔子的学生。②若人：这个人，代指子贱。③斯焉取斯：从哪里养成这种好品德？前一个"斯"字作"这个人"解；后一个"斯"字作"这种品德"解。焉，哪里。

【题解】

在本章中，孔子称赞子贱为真君子。而且，他还认为子贱的君子之德是在鲁国养成的,鲁国若是没有君子的话,子贱也不会养成君子的品德。孔子此言,意在说明社会环境对人的影响非常大,若想在道德上有所成,就应多注意这方面的问题。

【译文】

孔子评论子贱时说道:"这个人是君子啊!如果鲁国没有君子的话,那他该从哪里获得这种好品德呢?"

【原文】

5.4　子贡问曰:"赐①也何如?"子曰:"女②,器③也。"曰:"何器也?"曰:"瑚琏④也。"

【注释】

①赐:子贡自称表示对师尊的敬意。②女:通"汝",你。③器:器具,代指有用之才。④瑚琏(hú liǎn):古代祭祀时用来盛粮食的器具,竹制,镶有玉饰,非常珍贵。

【题解】

瑚琏在古代是一种非常贵重且华美的祭器,孔子在本章中将子贡比作瑚琏,意在夸奖他的才智出众。在本篇之中,孔子对自己的多位弟子都做了评价,从内容上看大部分是以勉励和赞扬为主,本章也不例外。

【译文】

子贡问孔子道:"你觉得我这个人怎么样?"孔子说:"你就像一件器具。"子贡又问:"像什么器具呢?"孔子说:"宗庙里盛粮食的瑚琏。"

【原文】

5.5　或曰:"雍①也仁而不佞②。"子曰:"焉用佞?御③人以口给④，屡憎⑤于人。不知其仁⑥，焉用佞？"

【注释】

①雍：冉雍，字仲弓，孔子的学生。②佞（nìng）：能言善说，有口才。③御：抵挡，这里指争辩顶嘴。④口给（jǐ）：应对敏捷，嘴里随时都有想说的话。⑤憎：厌恶，被人厌恶。⑥不知其仁：不知道他（冉雍）可否称得上仁。

【题解】

在本章中，孔子就别人对冉雍的评价，表达了自己的见解。他觉得为人处世在于"仁"，根本不需要伶牙俐齿。那些只靠空言善说处世的人，若是没有仁德，仅凭花言巧语，只会招人厌烦。而且，孔子对于这些巧言令色之人一直都没有好感，这点我们在《学而》篇中早已有所提及。

【译文】

有人说："冉雍这个人有仁德，但口才不好。"孔子说："何必要有好的口才呢？对待别人以口舌强辩，常常会遭到别人的厌烦。他是否可以称得上仁我不知道，但是为什么非得口才好才行呢？"

【原文】

5.6 子使漆雕开①仕②。对曰："吾斯③之未能信。"子说④。

【注释】

①漆雕开：姓漆雕，名开，字子若。孔子的学生。②仕：指做官。③斯：代词，指做官。④说：通"悦"，高兴的意思。

【题解】

孔子在教育弟子的时候，其教育理念一直都是"学而优则仕"，只有学好了知识，才能为官做事。在本章中，孔子鼓励漆雕开从政做事，但是漆雕开却觉得自己尚未达到"仁"的要求，没有充分的把握，他想过一段时间再去做官，充满了谦谨的态度。

【译文】

孔子叫漆雕开去做官。他回答说："我对这事还没有把握。"孔子听了很高兴。

【原文】

5.7 子曰："道不行，乘桴①浮于海。从②我者，其由与？"子路闻之喜。子曰："由也好勇过我，无所取材③。"

【注释】

①桴（fú）：用来在水面浮行的木排或竹排，大的叫筏，小的叫桴。②从：跟随、一同。③材：通"才"，才能。

【题解】

在本章中，孔子表达出了自己不能行道于国的感叹，同时也表明了自己对仲由的信任与深厚的情感。

当他说到自己若是乘筏到海外只有子路可以随同时，既是对子路好勇的表扬，也是对其不足之处的点评。

【译文】

孔子说："我的主张若是无法推行下去了，我就坐着木排漂流于海外。但是能够跟随我的，恐怕只有仲由吧？"子路听了这话非常高兴。孔子又说道："仲由的勇敢远远地超过了我，不过，在其他方面就没有什么可取的才能了。"

【原文】

5.8 孟武伯问："子路仁乎？"子曰："不知也。"又问，子曰："由也，千乘之国，可使治其赋①也。不知其仁也。""求也何如?"子曰:"求也,千室之邑②,百乘之家,可使为之宰③也;不知其仁也。""赤④也何如?"子曰:"赤也,束带⑤立于朝,可使与宾客⑥言也。不知其仁也。"

【注释】

①治其赋:指负责军事工作。赋,兵赋。②千室之邑:指有一千户人家的城邑,本章指公邑,不同于卿大夫的采邑。③宰:古代县、邑一级的行政长官。本章指卿大夫的家臣。④赤:姓公西,名赤,字子华,孔子的学生。⑤束带:整理衣服,束紧衣带。本章指穿上礼服或朝服。⑥宾客:这里主要是指外宾。

【题解】

在本章中,通过综合比较,孔子对子路、冉求、公西赤三个学生分别进行了评价。他觉得他们各有专长,有的可以管理军事,有的可以管理内政,而有的则能办理外交。在孔子眼中,择人的主要标准还是"仁",虽然他的这几位学生已经够好的了,可是没有一人能够做到"仁",这也从侧面反映出了为"仁"之难。

【译文】

孟武伯问:"子路算得上'仁'吗?"孔子说:"不知道。"孟武伯又问一遍,孔子才说道:"仲由啊,一个拥有千辆兵车的大国,可以让他去负责军事。至于他有没有仁德,我可就不知道了。"孟武伯继续问道:"那冉求怎么样呢?"孔子说:"求呢,一个拥有千户规模的城邑,或是一个具备百辆兵车的大夫封地,都可以让他当总管。至于他算不算得上'仁',我也不清楚。"孟武伯又问:"那公西赤怎么样啊?"孔子说:"赤呀,若是让他穿上礼服,立于朝廷之上,可以让他招待宾客,他有没有'仁'我也不知道。"

【原文】

5.9 子谓子贡曰:"女①与回也孰愈②?"对曰:"赐也何敢望③回?回也闻一以知十,赐也闻一以知二。"子曰:"弗如也!吾与④女弗如也。"

【注释】

①女:通"汝",你。②愈:胜过,超过,更好。③望:仰望,此处应译为"相比"。④与:许,同意,赞成。另一解释为"和",作连词用。本章从后解。

【题解】

子贡与颜回都是孔子颇为得意的学生,尤其是颜回,他不仅勤于学习,而且善于融会贯通,能够闻一知十。

在本章中,孔子既对颜回的领悟能力进行了赞许,也对子贡能有自知之明给予了褒奖。

【译文】

孔子对子贡说:"你和颜回相比,谁更好一些?"子贡回答说:"我怎么敢和颜回相比呢?颜回他听到一件事就可以推知十件事,而我听到一件事只能推知两件事。"孔子说:"你确实赶不上他,我和你都赶不上他啊。"

【原文】

5.10 宰予昼寝①。子曰:"朽木不可雕也,粪土之墙不可杇②也。于予③与④何诛⑤?"子曰:"始吾于人也,听其言而信其行;今吾于人也,听其言而观其行。于予与改是。"

【注释】

①昼寝:白天睡觉。②杇(wū):通"圬",涂饰、粉刷的意

思。③予：宰予。④与（yú）：同"欤"，语气词。⑤诛：意为责备、批评。

【题解】

从表面上看，孔子对宰予白天睡觉一事大加非难，但事实上并非如此。我们可以结合《八佾》篇中宰我的言行做出推断，孔子这是在借"昼寝"之事，责备其不该夸夸其谈。而且，他还告诫弟子们，若想准确地判断一个人，既要听其言，还要观其行，看其言行是否一致。

【译文】

宰予在白天睡觉。孔子说："腐朽了的木头是无法雕刻的，粪土堆砌的墙壁是没有办法粉刷的。对于宰予，我还有什么可责备的呢！"孔子又说："以前，我对待别人，听了他的话便相信他的行为；现在，我对待别人，听了他的话还要再观察他的行为。这都是因为宰予的表现才使我发生改变的啊。"

【原文】

5.11 子曰："吾未见刚①者。"或对曰："申枨②。"子曰："枨也欲③，焉得刚？"

【注释】

①刚：刚毅、刚健。②申枨（chéng）：孔子的学生，姓申，名枨，字周。③欲：贪欲、欲望。

【题解】

在本章中，"刚"不是指血气之勇，而是刚强、坚毅的内心力量和道德意志。在孔子看来，人有着太多的欲望，很容易为此屈服而变得不刚强了。后来，孟子把这种"刚"解释为"贫贱不能移，富贵不能淫，威武不能屈"，将其变得更加具体化了。

【译文】

孔子说："我没有见过刚毅不屈的人。"有人回答说："申枨就是这样的人。"孔子说："申枨啊，他的欲望太多了，怎么能够刚毅不屈呢？"

【原文】

5.12 子贡曰："我不欲人之加①诸我也，吾亦欲无加诸人。"子曰："赐也，非尔所及②也。"

【注释】

①加：有两种解释，一是施加，一是凌辱，今从前义。②及：达到。

【题解】

在本章中，子贡道出了"己所不欲，勿施于人"道理，表明了他的志向。但是，孔子却告诉他，有些事情的主动权并不在自己这里，是没有办法决定别人做什么的。

【译文】

子贡说："我不愿别人把不合理的事强加在我的身上，我也不想把不合理的事强加在别人的身上。"孔子说："赐呀，这不是你能做得到的啊。"

【原文】

5.13 子贡曰："夫子之文章①，可得而闻也；夫子之言性②与天道③，不可得而闻也。"

【注释】

①文章：指孔子经常讲述的有关诗、书、礼、乐等方面的知识。

②性：指人的本性。③天道：天命。

【题解】

在本章中，子贡觉得孔子讲的礼乐诗书等内容都是有形的，可以通过听闻学到。但是，在牵涉人性与天道的理论时，却很少听闻孔子提及，显得有些深微难知。其实，孔子的思想并不玄虚，讲的都是生活与实践的智慧。而且，孔子注重的是人道教育，对人性与天道的解释自然就少了许多。

【译文】

子贡说："先生讲授的《诗》《书》《礼》《乐》等方面的知识，我们依靠听闻可以得到；先生关于人性和天命方面的言论，仅依靠耳闻是听不到的。"

【原文】

5.14 子路有闻，未之能行，唯恐有①闻。

【注释】

①有：通"又"。

【题解】

本章形象表述了子路急切率直、勇于力行的精神。而且，在儒家思想中，一再强调的便是知行合一，对于子路的这种性格，孔子还是比较喜欢的。

【译文】

子路听到了什么事，还没有来得及去做，只怕又听到另有什么事要去做。

【原文】

5.15 子贡问曰："孔文子①何以谓之'文'也？"子曰：

"敏②而好学,不耻下问,是以谓之文也。"

【注释】

①孔文子:卫国大夫,姓孔,名圉(yǔ),文是其谥号。②敏:敏捷,勤勉。

【题解】

据《逸周书·谥法》记载,"学勤好问曰文",其中的"文"是谥号。一般情况下,比较聪明的人不喜欢向别人讨教,而地位高的人也耻于向地位、身份不如自己的人求教。但是,孔文子不但聪明好学,且不耻下问,乐于向他人求教,所以才能得到"文"的谥号。

【译文】

子贡问道:"孔文子为什么能得到'文'的谥号呢?"孔子说:"他聪明勤勉,非常喜爱学习,不以请教不如他的人为耻,因此才得到'文'的谥号。"

【原文】

5.16 子谓子产①:"有君子之道四焉:其行己②也恭③,其事上也敬,其养民也惠,其使民也义④。"

【注释】

①子产:姓公孙,名侨,字子产,是郑穆公的孙子,郑国大夫,为春秋时期郑国的一代贤相。②行己:操行。③恭:谦逊,谦恭。④义:指役使民众应合于道理、法度。

【题解】

在本章中,孔子既对子产具有的四种君子之德给予了赞美,同时也是在说为政之道。子产作为当时有名的政治家,孔子对他的评价很高,他觉得安邦治国者就应具有子产的这四种美德。

【译文】

孔子评论子产说:"他有四个方面的德行符合君子的标准:他为人处世谦恭有礼,侍奉国君非常恭敬,对待百姓多有恩惠,役使民众也都合乎情理。"

【原文】

5.17 子曰:"晏平仲①善与人交②,久而敬之。"

【注释】

①晏平仲:名婴,字仲,"平"是其谥号,春秋时期齐国的大夫。在《史记》卷六十二中有关于他的传。②交:交友。

【题解】

在本章中,孔子对齐国大夫晏婴的交友手段做了点评。他觉得晏婴在这方面很擅长,别人与他交往得越久,对他就越尊敬,能够做到这一点的人是很不容易的。

【译文】

孔子说:"晏婴非常善于与人交往,与他相识的时间越久,别人对他就越尊敬。"

【原文】

5.18 子曰:"臧文仲①居蔡②,山节藻棁③,何如其知④也?"

【注释】

①臧文仲:姓臧孙,名辰,"文"是他的谥号。春秋时鲁国大夫。②居蔡:蔡,国君用以占卜的大龟。蔡这个地方产龟,因此把大龟叫蔡。居,作动词用,"藏"的意思。臧文仲藏了一只大龟。③山节藻棁(zhuō):节,柱上的斗拱。棁,房梁上的短柱。山节藻棁,把斗拱雕成山形,在棁上绘上水草花纹。这是古时天子用以装饰宗庙的

做法。④知：通"智"。

【题解】

按照周朝的礼制规定，占卜吉凶的大龟只有国君才能珍藏，那些刻有山形的斗拱和画有水藻的梁柱也是国君才能用到的庙饰。但是臧文仲却擅用，这从根本上讲是违反礼制的。所以，当人们都喜欢称他为"智者"的时候，孔子却觉得他的这些做法很不明智。

【译文】

孔子说："臧文仲不仅为一只大乌龟盖了间房子，还在屋内的斗拱雕刻成山形，在梁柱上画着藻草，他这怎能算作是一种聪明呢？"

【原文】

5.19 子张问曰："令尹①子文②三仕为令尹，无喜色；三已③之，无愠色。旧令尹之政，必以告新令尹。何如？"子曰："忠矣。"曰："仁矣乎？"曰："未知，焉得仁？""崔子④弑⑤齐君。陈文子⑥有马十乘，弃而违⑦之。至于他邦，则曰：'犹吾大夫崔子也。'违之。之一邦，则又曰：'犹吾大夫崔子也。'违之，何如？"子曰："清⑧矣。"曰："仁矣乎？"曰："未知，焉得仁？"

【注释】

①令尹：楚国的官名，相当于宰相。②子文：姓斗（gòu），名於菟（wū tú），字子文，楚国贤相。③已：罢免。"三仕、三已"中的"三"不是实指，只是概数，可译为"几次、多次"。④崔子：崔杼，齐国的大夫，曾弑杀国君齐庄公。⑤弑（shì）：古代身份地位在下的人杀掉在上的人叫弑。⑥陈文子：齐国大夫，名须无。在崔杼杀死齐庄公后出国，两年后又返回齐国。⑦违：离开。⑧清：清白。

【题解】

在本章中，孔子强调了"仁"的本体性。在孔子看来，"仁"是天地之道最本质的事物，也是最根本的做人之道。"忠"和"清"都只是"仁"的一些外在行为，根本算不上"仁"，只有从最基本的做人之道入手并努力做好才算"仁"。

【译文】

子张问道："楚国的令尹子文曾多次担任令尹一职，都没有流露出高兴的样子；多次被罢免，也没有流露出怨恨的神色。当有人接班时，他一定会将自己当令尹时的政令交代给下届的人。您看这个人怎么样？"孔子说："他对国家可以算是尽忠了。"子张问："那他算得上有仁德吗？"孔子说："不知道，这怎么能算仁呢？"子张又问："齐国的大夫崔杼杀了齐庄公，而陈文子大夫有四十匹马的家产，他都丢弃不要离开了齐国。等到了另一个国家，他说：'这里的执政者和我国的崔子差不多。'就离开了那里。又到了另一个国家，他说：'这里的执政者和我国的崔子差不多。'还是离开了。您觉得这人怎么样？"孔子说："他很清白。"子张说："那他算得上有仁德吗？"孔子说："不知道，这怎么能算有仁德呢？"

【原文】

5.20 季文子①三思②而后行。子闻之，曰："再③，斯可矣。"

【注释】

①季文子：鲁国大夫，姓季孙，名行父，"文"是其谥号。②三思：多思考几次。③再：指两次。

【题解】

"三思而后行"是很多人的处世方法。但在本章中，孔子却告诉大家，凡事都应有一个度，思考也不例外。若是过于慎重地思考，便会犹豫不决，甚至会变得十分怯懦。季文子以行事谨小慎微而著名，凡事都会三思而行。对此，孔子觉得他太小心了，有些事情没有必要去深思熟虑，只需考虑清楚就可以了。

【译文】

季文子每次办事之前，都会反复考虑多次才会行动。孔子听到后，说："考虑两次就可以了。"

【原文】

5.21 子曰："宁武子①邦有道则知②，邦无道则愚③。其知可及也，其愚不可及也。"

【注释】

①宁武子：姓宁，名俞，谥号为"武"，卫国的大夫。②知：通"智"，聪明的意思。③愚：装成愚笨的样子。

【题解】

在本章中，孔子觉得在治世之下应当积极进取，为国为民谋福；在乱世之时，应当既尽最大的努力拯救衰败的政治，又努力做到洁身而自保。这种大智若愚的思想，是为人处世的一种大智慧，对后世有着深远的影响。

【译文】

孔子说："宁武子这个人，在国家政治清明的时候显得很聪明，但在国家政治黑暗的时候则装得很愚笨。他的聪明别人可以做得到的，但是他装傻的本事，别人就赶不上了。"

【原文】

5.22 子在陈①，曰："归与！归与！吾党②之小子狂简③，斐然成章，不知所以裁④之。"

【注释】

①陈：国名，大约在今河南东部和安徽北部一带。②吾党：我的家乡。党是古代地方组织的名称，五百家为一党。③狂简：志大而富于进取，但是有些不切实际。④裁：节制。

【题解】

孔子曾在陈国住了三年，饱受困顿，还曾一度断粮。通过此事之后，他也知道了自己的道很难实行。于是，他在无奈中大发感慨道：只要自己回去就有很多事情可以做，尤其自己的那些胸怀大志、各具才能的弟子们，还等着自己培养、教导呢。

【译文】

孔子在陈国，说："回去吧！回去吧！我家乡的那些年轻人，身怀大志但行为却粗率简单，尽管他们文采斐然，却不知道如何节制自己！"

【原文】

5.23　子曰："伯夷、叔齐①不念旧恶，怨是用希②。"

【注释】

①伯夷、叔齐：孤竹君的两个儿子。父亲死后，互相让位，都逃到周文王那里。武王灭商后，隐居首阳山，不食周粟而死。②希：通"稀"，少。

【题解】

在本章中，孔子再一次提到了忠恕之道。在他看来，冤冤相报的话，仇恨就不会有平息的那一天，也不会产生真正意义上的胜利者。但若运用宽恕和仁爱，则能改变这一切，让人们放弃仇恨，将天下置于和平与幸福之中。

【译文】

孔子说:"伯夷、叔齐兄弟令人不记前仇旧恨,所以别人对他们的怨恨就很少。"

【原文】

5.24 子曰:"孰谓微生高①直?或乞醯②焉,乞诸其邻而与之。"

【注释】

①微生高:鲁国人,姓微生,名高。当时人们认为他是个直率的人。②醯(xī):醋。

【题解】

在本章中,微生高为了讨好来人就从邻居家给他借了点醋,孔子觉得他这种行为是故意逢迎对方,有做作之嫌,不能算作真正的直率。

【译文】

孔子说:"谁说微生高这个人非常直爽了?有人向他借点醋,他却跑到自己的邻居那里讨了点来给人家。"

【原文】

5.25 子曰:"巧言、令色、足恭①,左丘明②耻之,丘亦耻之。匿怨而友其人,左丘明耻之,丘亦耻之。"

【注释】

①足恭:非常恭敬。②左丘明:鲁国史官,姓丘,名明。一说因其父官拜左史,故改姓左丘,名明。因其双目失明,后人亦常称其为盲左,据传《春秋左氏传》和《国语》皆是他的作品。

【题解】

在本章中,孔子再次提到了巧言令色者,表达出了自己对这类人的憎恶。同时,他还对那些将仇恨暗藏于心、表面上却讨好别人的人深感憎恶,觉得这种人的行为特别可耻。对于左丘明在这方面的看法,十分赞同。

【译文】

孔子说:"花言巧语、面貌伪善、过分恭敬的人,左丘明认为这很可耻,我也觉得这很可耻。心中藏有仇恨,但在表面上却很友好的人,左丘明认为这很可耻,我也觉得这很可耻。"

【原文】

5.26 颜渊、季路①侍。子曰:"盍②各言尔志?"子路曰:"愿车马、衣轻裘③,与朋友共,敝④之而无憾。"颜渊曰:"愿无伐⑤善,无施⑥劳。"子路曰:"愿闻子之志。"子曰:"老者安之,朋友信之,少者怀⑦之。"

【注释】

①颜渊、季路:即颜回、子路。②盍:"何不"的合音字。③裘:皮袍、皮衣。④敝:破旧、破损。⑤伐:夸耀。⑥施:表白、宣扬。⑦怀:关怀、照顾。

【题解】

在本章中,孔子和他的弟子表述了各自的志向。其中,子路的回答完全彰显出了他讲义气的豪爽本色;颜回的回答则反映了他的谦逊、注重自我修养的品格;而孔子的志向,从本质上看还是追求"仁"道。

【译文】

颜回和子路侍立在孔子身边。孔子对他们说:"你们何不谈谈各自的志向呢?"子路说:"我愿意拿出自己的车马和好衣服,与朋友们共同使用,即使用坏了我也不会有所遗憾。"颜渊说:"我不愿意夸耀自己的长处,也不想宣扬自己的功劳。"子路说:"我们希望听听先生的志向。"孔子说:"我希望老年人都能安度晚年,朋友之间可以相互信任,年幼的人能够得到关怀和照顾。"

【原文】

5.27 子曰:"已矣乎!吾未见能见其过而内自讼①者也。"

【注释】

①内自讼:内,内心。讼,争辩是非曲直。这句话的意思是说,进行自我责备。

【题解】

在本章之前,孔子就提到过自省是人们提高自我修养的一种方式。但是,事实却一再打击孔子的耐性。许多人有了过失却不知反省,甚至还会掩饰推诿,从来不在内心里责备检讨自己。在孔子看来,人只有具备了内省自责的意识,才能及时改正自己的缺点,得到进步。

【译文】

孔子说:"算了吧!我从来没有见过看到自己有错误了就进行自我责备的人。"

【原文】

5.28 子曰:"十室之邑①,必有忠信如丘者焉,不如丘之好学也。"

【注释】

①十室之邑：十户人家的小地方。在古时，三家为一井，四井为一邑，共十二家，此处指约数。

【题解】

在本章中，孔子以自身为例，强调了学习的重要性。在他看来，自己的忠信与资质和常人并没有什么分别，只有在求学时要比一般人更加好学而已，意在勉励人们只有好学才能有所成就。

【译文】

孔子说："即便是在只有十户人家的小地方，也一定存在着像我这样既忠心又守信的人，只是不像我这样好学罢了。"

雍也篇第六

【原文】

6.1 子曰:"雍也可使南面①。"

【注释】

①南面:古时尊者的位置是坐北朝南,天子、诸侯、卿大夫等在听政时皆向南而坐。

【题解】

古代以坐北朝南为尊。在本章中,孔子对弟子冉雍给予了很高的评价,觉得冉雍有着从政为官的能力。这样既能在实践中锻炼冉雍的能力,还能间接地推行自己的主张,达到曲线从政的目的,这也是孔子所乐见的。

【译文】

孔子说:"冉雍这个人啊,可以让他去做官。"

【原文】

6.2 仲弓①问子桑伯子②,子曰:"可也,简③。"仲弓曰:"居敬④而行简,以临⑤其民,不亦可乎?居简而行简,无乃⑥

大⑦简乎？"子曰："雍之言然。"

【注释】

①仲弓：即冉雍。②子桑伯子：鲁人。有人认为是《庄子》中的子桑户，但证据不足。③简：简要、不烦琐。④居敬：做事心存恭敬。⑤临：面对、对待。⑥无乃：岂不是。⑦大：通"太"。

【题解】

在本章中，通过仲弓与孔子之间的对话，表明了孔子喜欢做事简约不烦的人。不过，这种简约可不是指内心随便马虎、简单处事的意思，而是要心怀谨慎和敬畏，做事就会简约而不烦扰到人民。

【译文】

仲弓问孔子子桑伯子这个人怎么样时，孔子说："这个人不错，他的简单很好。"仲弓说："如果心存恭敬而行为却简单不烦琐，用这样的方式治理百姓不也可以吗？如果内心思想粗疏，行为又简约，那不是太简单了吗？"孔子说："你说得很对。"

【原文】

6.3　哀公问："弟子孰为好学？"孔子对曰："有颜回者好学，不迁怒①，不贰过②，不幸短命死矣③。今也则亡④，未闻好学者也。"

【注释】

①不迁怒：不把对此人的怒气发泄到别人身上。②不贰过："贰"是"重复、一再"的意思。本章指不犯同样的错误。③短命死矣：短命是指早死、不长寿。颜回死时年仅四十一岁。④亡：通"无"。

【题解】

在本章中，孔子认为颜回是所有弟子中最好学的一个。而且，孔子还指出颜回的好学并不只是体现在爱好学习这一方面，还包括他不迁怒于人、不犯同样的错误，有着极高的心性修养。

【译文】

鲁哀公问："你的学生中谁最爱好学习？"孔子回答说："颜回是最爱学习的人。他从来不会迁怒于别人，也不会犯同样的过错。但不幸的是他英年早逝，现在没有这样的人了，我再也没听到谁爱好学习了。"

【原文】

6.4 子华①使于齐，冉子②为其母请粟③。子曰："与之釜④。"请益。曰："与之庾⑤。"冉子与之粟五秉⑥。子曰："赤之适⑦齐也，乘肥马，衣轻裘，吾闻之也，君子周⑧急不继富。"

【注释】

①子华：孔子的学生，姓公西，名赤，字子华，鲁国人。②冉子：姓冉，名求，字子有，鲁国人。③粟：小米。④釜（fǔ）：古代量器，六斗四升为一釜。⑤庾（yǔ）：古代量器，二斗四升为一庾。⑥秉（bǐng）：古代量器，十六斛为一秉；一斛为十斗。⑦适：往，去到。⑧周：赈济、救济、接济，与后面"继"字同解。

【题解】

在本章中，孔子的主张还是比较鲜明的。他觉得作为君子理应周济身边穷困的人，给穷人们雪中送炭，要比给富有的人锦上添花更加实际一些。当然了，大家在理解的时候，可以适当发散一下，孔子的这种思想带有一定的普遍意义。

【译文】

子华出使齐国，冉有就替子华的母亲向孔子求些小米。孔子说：

"给她一釜吧。"冉有请求再增加一些时,孔子说:"那就再给她加一庾。"但是冉有却给了她五秉。孔子知道后,说:"公西赤到齐国去,驾着肥马拉的车,穿着又轻又暖和的皮袍。我听人说:君子应该救济有紧急需要的穷人,而不应该去给富人添富。"

【原文】

6.5　原思①为之宰②,与之粟九百,辞。子曰:"毋!以与尔邻里乡党③乎!"

【注释】

①原思:姓原,名宪,字子思,孔子的学生。②宰:家宰,管家。③邻里乡党:古代地方单位的名称。周制五家为邻,二十五家为里,一万二千五百家为乡,五百家为党。

【题解】

本章在意思上和前一章相近,反映出了孔子以仁爱之心待人的操行,在自己有所富余的情况下,还经常周济自己的弟子以及邻里乡党中的穷困之人。

【译文】

原思做了孔子家的总管,孔子就给了他九百(斛或斗)小米的报酬,可他却推辞不要。孔子就对他说:"你不必推辞!若是有些多余的话,那你就分给自己的邻里乡亲吧!"

【原文】

6.6　子谓仲弓①曰:"犁牛②之子骍且角③,虽欲勿用,山川其舍诸?"

【注释】

①子谓仲弓:有两种解释,一是孔子对仲弓说;二是孔子对第

三者议论仲弓,今从前说。②犁牛:耕牛。③骍(xīn)且角:骍,红色。祭祀用的牛,毛色为红,角长得端正。

【题解】

在本章中,孔子用牛做比喻讲解了自己在举贤方面的观点。他觉得人的出身并不是最重要的,重要的在于自己是否具有君子的道德和出色的才干。只要具备了德才兼备的条件,就能受到社会的重用。不过,从另一方面来看,作为执政者而言,在选拔重用人才时还应做到英雄不问出处,不能因为对方的出身低微而轻弃贤才。

【译文】

孔子对仲弓说:"耕牛生的小牛犊长着红色的毛皮,两角整齐,虽然不想用来当祭品,山川之神难道会舍弃它吗?"

【原文】

6.7 子曰:"回也,其心三月不违仁①。其余则日月至焉②而已矣。"

【注释】

①违仁:心里离开了仁德。②至焉:至,到来、出现;焉,指仁德。

【题解】

此前我们早已提到过,颜回是孔子最得意的弟子之一。由于他能将"仁"贯穿于自己的一切思想与行动当中,对孔子以"仁"为核心的思想有着深入的理解,深得孔子的喜爱。而且,孔子一直都以"仁"为修身为学的最高境界,他觉得这种境界即便是自己都难以达到。因此,孔子才会赞扬颜回"三月不违仁",而对别的学生只是"则日月至焉而已"的评价。

【译文】

孔子说:"颜回呀,他的内心可以长久地不离开仁德,而其余的学生,只不过能在短时间内做到这点罢了。"

【原文】

6.8 季康子问:"仲由可使从政①也与?"子曰:"由也果②,于从政乎何有?"曰:"赐也可使从政也与?"曰:"赐也达③,于从政乎何有?"曰:"求也可使从政也与?"曰:"求也艺④,于从政乎何有?"

【注释】

①从政:指在诸侯国中担任官职,管理政事。②果:果断,有决断力。③达:通情达理。④艺:有才能技艺。

【题解】

从本章的叙述中可以看出,孔子对弟子们的特点和优点都很清楚,师生间的关系也很亲密。像端木赐、仲由和冉求等,都是孔子所培养的为国家做事的人才,能够辅佐君主或大臣从事政治活动,且各有所长。孔子对这三个学生都给予了较高的评价,认为他们已经具备了出色的从政能力,即便是担任要职也能得心应手。

【译文】

季康子问:"仲由可以参与政事吗?"孔子说:"仲由呀,办事果断,参与政事有什么困难呢?"又问:"端木赐可以参与政事吗?"孔子说:"端木赐呀,通情达理,参与政事有什么困难呢?"又问:"冉求可以参与政事吗?"孔子说:"冉求呀,多才多艺,参与政事有什么困难呢?"

【原文】

6.9 季氏使闵子骞①为费②宰。闵子骞曰:"善为我辞焉。如有复我者,则吾必在汶上③矣。"

【注释】

①闵子骞(qiān):孔子的学生,姓闵,名损,字子骞。②费:季氏的封邑,在今山东省费县西北。③汶:汶水,即山东大汶河。汶上,暗指齐国。

【题解】

在本章中,描述了闵子骞不愿做官的事情,并反映出了他临乱世而不惊、遇恶人而不辱的超然态度,这是一种极富智慧的处世哲学。闵子骞谨记孔子的教导"道不同不相为谋",婉言拒绝了季氏的拜请。他觉得即便自己要出仕,也得选择对的时机和人,否则只会给自己的政治生涯留下不光彩的地方。

【译文】

季氏派人通知闵子骞让他当季氏采邑费城的长官。闵子骞告诉来人说:"替我推辞掉吧!如果再有人为这事来找我,那我一定逃到汶水那边去了。"

【原文】

6.10 伯牛①有疾,子问②之,自牖③执其手,曰:"亡之,命矣夫!斯人也而有斯疾也!斯人也而有斯疾也!"

【注释】

①伯牛:孔子的学生,姓冉,名耕,字伯牛,其德行仅次于颜回与闵子骞。②问:探望。③牖(yǒu):窗户。

【题解】

在本章中,孔子以极其沉痛的语气与他的得意弟子冉伯牛诀别。

好人却常得恶病,这是最让人痛心的,孔子无奈之下只能将其归之为天命。

【译文】

冉伯牛病了,孔子去探望他,从窗户里握着他的手,说道:"失去了伯牛,真是命呀!这样的人竟得这样的病呀!这样的人竟得这样的病呀!"

【原文】

6.11 子曰:"贤哉,回也!一箪①食,一瓢饮,在陋巷②。人不堪其忧,回也不改其乐③。贤哉,回也!"

【注释】

①箪(dān):古代盛饭的竹器。②陋巷:代指陋室。③乐:一说乐道,另一说乐于学,本章从前说。

【题解】

在本章中,孔子对颜回"不改其乐"的态度进行了赞美,实际上也是对其人格和行为方式的表彰。"不改其乐"的态度就是贫贱不能移的精神。做人需要有点精神寄托,只要能够实现自己的理想,生活清苦些照样能够自得其乐,这是一个具有普遍意义的道理,对后世有志于治学、修身、做事的人都有着不小的影响。

【译文】

孔子说:"颜回,多么有修养啊!每天就用一个粗糙的竹碗盛饭,用一只瓢喝水,住在简陋的房子里。别人都忍受不了那穷困的忧愁,可颜回却能照样快活。多么有修养啊,颜回!"

【原文】

6.12 冉求曰:"非不说①子之道,力不足也。"子曰:"力不足者,中道②而废。今女画③。"

【注释】

①说（yuè）：同"悦"，喜欢。②中道：中途。③画：通"划"，划定界限，停止前进。

【题解】

孔子的学说对于道德的要求太高了，冉求在求学的过程中对自己失去了信心。这遭到了孔子的批评和反驳，并以学走路为喻，对他进行了开导和帮助。同时还告诉他，不是他的能力不够，而是他的思想上产生了畏难的情绪，自己给自己设置了障碍，只要自己肯努力，就没有克服不了的困难。

【译文】

冉求说："我不是不喜欢老师的学说，而是我的能力不够。"孔子说："如果真是因为能力不足的话，只会半途而废。现如今你只是给自己划了界限不想前进罢了。"

【原文】

6.13 子谓子夏曰："女为君子儒，无为小人儒。"

【题解】

在本章中，孔子提出了"君子儒"和"小人儒"两个概念，并要求子夏做个"君子儒"，不能做"小人儒"。在孔子的眼中，并不是全部有学问的人都是有道德的人。也就是说，"君子儒"是指那些懂得大道、有仁德、品格高尚的人，而"小人儒"则是指那些只知眼前利益、不通大道、品格平庸的人。

【译文】

孔子对子夏说："你要做个君子式的儒者，不要做小人式的儒者。"

【原文】

6.14 子游为武城①宰。子曰:"女得人②焉尔乎?"曰:"有澹台灭明③者,行不由径④。非公事,未尝至于偃⑤之室也。"

【注释】

①武城:鲁国的城邑,在今山东费县西南。②得人:得到或发现人才。③澹台灭明:人名,姓澹台,名灭明,字子羽。刚开始时,孔子以其貌丑不肯收其为徒,后来见其确有才干,才将其收为弟子,比孔子小三十九岁。④径:小路。引申为邪路、不正当的路子。⑤偃:子游的自称。

【题解】

从孔子与子游的问答中,我们可以看出,子游是在表扬澹台灭明,这也从侧面反映出了他举贤才的观点,即用正直诚实、公私分明的人。大家都知道,春秋晚期整个社会都处在大动荡、大变革之中,各诸侯国都非常重视和接纳各种人才,尤其是那些治国安邦之才更是备受关注。不过,孔子却并不为此而动,他最为欣赏的仍是正直、有仁德的贤才。

【译文】

子游担任武城地方的总管。孔子说:"你在那里得到什么优秀人才了吗?"子游回答说:"有个名叫澹台灭明的人,他从来不走后门,没有公事从不到我家里来。"

【原文】

6.15 子曰:"孟之反①不伐②,奔而殿③。将入门,策④其马,曰:'非敢后也,马不进也。'"

【注释】

①孟之反：又名孟之侧，鲁国大夫。②伐：夸耀。③殿：在最后。④策：鞭打。

【题解】

公元前484年，齐国攻打鲁国。在鲁国右翼军败退的时候，孟之反因留在了最后掩护鲁军撤退时立下了功劳，但却不愿居功。对此，孔子对孟之反的谦逊精神给予了高度的评价，并将其"功不独居，过不推诿"的行为，视作人的美德之一，对这种优秀的品质进行了大力宣扬。

【译文】

孔子说："孟之反不喜欢自夸，军队打了败仗，他就走在最后（掩护军队撤退）。快要进城门时，他用鞭子抽打着自己的马说：'不是我愿意走在最后呀，而是我的马不肯快跑！'"

【原文】

6.16 子曰："不有①祝鮀②之佞③，而有宋朝④之美，难乎免于今之世矣！"

【注释】

①不有：假设语气，"假若没有"的意思。②祝鮀（tuó）：卫国大夫，祝官，名鮀，字子鱼，善于外交辞令，深受卫灵公的重用。③佞：口才。④宋朝：宋国公子朝。在《左传》中曾记载他因美貌受宠于南子，才引起了卫国的宫廷祸乱。

【题解】

本章是孔子对衰败的社会风气发出的感叹。虽然他一再强调"敏于事而慎于行"，也曾谴责过"巧言令色"之人。在现实的社会中，因好口才和美色而幸免于难的人却大有人在，且屡见不鲜。

【译文】

孔子说:"如果没有祝鲍那样的口才和宋朝那样的美貌,在当今的社会里就难以避免祸害了。"

【原文】

6.17 子曰:"谁能出不由户①?何莫②由斯道也?"

【注释】

①户:门。②何莫:为什么没有。

【题解】

在本章中,孔子的话只是一个比喻,他觉得人生要走正确的道路,好比出门就得从房门经过一样。但是,他所认可的那条路,却没有多少人走,所以孔子才会有此感慨。

【译文】

孔子说:"有谁能够走出屋子而不经过房门呢?为什么没有人走我指出的这条路呢?"

【原文】

6.18 子曰:"质①胜文②则野,文胜质则史③。文质彬彬④,然后君子。"

【注释】

①质:质朴,指内在的本质。②文:文采,指外在的形式。③史:言辞华丽,意指虚浮不实。④彬彬(bīn):文质配合得恰到好处。

【题解】

在本章中,孔子对文与质的互补关系和君子的人格模式进行了高度的概括。在他看来,文与质既是相互对立的,又是相辅相成的。

无论是文采也好,还是质朴也罢,二者的内容与形式都要好,这一点是很重要的。孔子的这一思想经过两千多年的实践,已在做人、艺术、文化等领域不断得到丰富和发展,对后人有着深远的影响。

【译文】

孔子说:"质朴多于文采就难免显得粗野,而文采超过了质朴又难免流于虚浮,只有将文采和质朴完美地结合起来,才能成为君子。"

【原文】

6.19 子曰:"人之生也直①,罔②之生也幸而免。"

【注释】

①直:正直。②罔:通"枉",与"直"相对,指不正直或诬罔不直的人。

【题解】

直即正直,意思是耿直、坦率、正派、光明正大,它与虚伪、奸诈是完全对立的存在。而且,这也是孔子比较推崇的道德规范之一。在他看来,直不仅符合仁的品德,还是一个人的基本品质。因为,直人没有那么多的坏心眼,而那些不正直的人,却没有那么多的好心眼,他们的生活虽然也有不错的,那只能说明他们侥幸避免了灾祸,并不能说明他们就是个正直的人。

【译文】

孔子说:"人可以凭着正直生存在世上,不正直的人虽然也能生存,那只是靠侥幸避免了祸害而已。"

【原文】

6.20 子曰:"知之者不如好之者,好之者不如乐之者。"

【题解】

孔子在本章中强调了爱好和兴趣对于人学习的作用,在他看来,学习可以分为知之、好之、乐之三个层次,随着层次的递进,好学的程度也在加深,这属于孔子在教育心理学方面的研究成果。其实,孔子在本章中并没有具体指学习什么,学习的内容可以是学问,也可以是技艺,只要有兴趣想学就能学好。

【译文】

孔子说:"(对于学问、知识、技艺等)知道它的人,不如爱好它的人;而爱好它的人,又不如以它为乐的人。"

【原文】

6.21 子曰:"中人①以上,可以语上②也;中人以下,不可以语上也。"

【注释】

①中人:具有中等才智的人。②语(yù)上:谈论高深的学问。

【题解】

孔子在教育弟子的时候,总是根据学生的智力水平安排教授的内容,这也是孔子因材施教的一大特色。在孔子看来,人与人之间的智力是有差别的,并将其划分为上智、中人及下智。既然将人的才智做出了不同层次的划分,那么向他们教授的内容也应该有所区别,他的这种教育思想对我国以后教育学的形成和发展起到了积极的影响。

【译文】

孔子说:"有中等才智以上的人,可以给他讲授高深的学问;而中等才智以下的人,不可以给他讲高深的学问。"

【原文】

6.22 樊迟①问知。子曰:"务②民之义,敬鬼神而远③之,可谓知④矣。"问仁,曰:"仁者先难⑤而后获,可谓仁矣。"

【注释】

①樊迟:孔子的学生,姓樊,名须,字子迟。②务:致力、从事。③远(yuàn):作及物动词,疏远、避开。④知:通"智",聪明的意思。⑤先难:先付出艰苦的努力。

【题解】

在本章中,孔子提出了"智""仁"等重要的观念,并以客观的态度面对现实,以现实的社会问题、人生问题为中心,提出了"敬鬼神而远之"的主张,远离了宗法传统的神权观念。孔子是不迷信鬼神的,自然也不主张以卜筮向鬼神问吉凶,他只想以实事求是的态度看待人生与社会,这是孔子思想的一个突出特点。

【译文】

樊迟问怎么样才算聪明,孔子说:"致力于让民众走向'义',对待鬼神既要尊敬,也要远离,这样才可以称得上聪明。"樊迟又问怎么样才叫有仁德,孔子说:"有仁德的人会先付出艰苦的努力,然后才会得到收获,这样才可以称得上有仁德。"

【原文】

6.23 子曰:"知者乐①水,仁者乐山。知者动,仁者静。知者乐,仁者寿。"

【注释】

①乐(lè):喜爱。有人将其注音为 yào,今不从。

【题解】

在本章中,孔子所说的"智者"和"仁者"是指那些有修养的

"君子"。他以水和山为喻，说明"智者"和"仁者"的内心与外在的特征，比喻得非常贴切。其中，山和水、静和动以及快乐和长寿，都是很普遍的现象。

【译文】

孔子说："聪明的人喜爱水（的灵气），仁德的人喜爱山（的沉静）。聪明的人爱好活动，仁德的人爱好沉静。聪明的人活得快乐，仁德的人活得长寿。"

【原文】

6.24　子曰："齐一变，至于鲁；鲁一变，至于道。"

【题解】

在春秋时期，齐国的封建经济发展较早，而且实行了一些改革，成为当时最富强的诸侯国家。与齐国相比，鲁国封建经济的发展比较缓慢，但意识形态和上层建筑保存得比较完备。这是孔子对齐鲁两国的社会历史和政治现实做出的评论。为此，他提出了"道"的范畴，并将它视为治理天下的最高原则，反映出了孔子对周礼的无限崇尚之情。

【译文】

孔子说："齐国的政治若是再加以改进的话，便可以达到鲁国的样子；而鲁国的政治若能再加以改进的话，就比较符合大道的境界了。"

【原文】

6.25　子曰："觚[①]不觚，觚哉！觚哉！"

【注释】

①觚（gū）：古代盛酒的青铜器皿。

【题解】

在本章中，孔子用"觚不觚"影射当时君不君、臣不臣、父不父、子不子的礼崩乐坏的社会现实。在孔子看来,周礼是最为完美的,无论是从井田制到刑罚,还是从音乐到祭祀,这些规定都很完善,人们不应违背周礼的规定。孔子此言也是对当今事物名不副实的感叹,虽然他也想为这些事物"正名",无奈朝政昏庸,并不给他这个机会。

【译文】

孔子说:"觚不像个觚的样子,这还叫觚吗!这还叫觚吗!"

【原文】

6.26 宰我问曰:"仁者,虽告之曰,'井有仁焉',其从之也?"子曰:"何为其然也?君子可逝①也,不可陷也;可欺②也,不可罔③也。"

【注释】

①逝:往,离开。②欺:欺骗。③罔:诬罔,愚弄。

【题解】

在本章中,宰我向孔子提了一个非常实际的问题,即"井有仁焉,其从之也"?对此,孔子很耐心地做了答复。在他看来,"仁"中有"智",君子欺骗别人时应当有合理的理由,而且还应是出于善意的目的,不能故意愚弄别人,那样既是不明智的做法,也是不道德的行为。

【译文】

宰我问道:"对于一个有仁德的人,假如别人告诉他'井里掉下一位仁者',他会不会也跟着跳下去呢?"孔子说:"为什么要这样做呢?君子可以想办法叫他离开,不可以让他自己陷入井中;可以欺骗他,但是却不能愚弄他。"

【原文】

6.27 子曰:"君子博学于文,约之以礼,亦可以弗畔①矣夫②!"

【注释】

①畔:通"叛",背叛、背离。②矣夫:语气词,表示较强烈的感叹。

【题解】

在本章中,孔子阐明了自己教育的目的,他认为弟子们只有广泛地学习古代典籍,而且还要用"礼"来约束自己,才能做到不离经叛道。说到底,他还是想让自己的弟子成为懂"礼"的君子。

【译文】

孔子说:"君子广泛地学习文献典籍,再用礼来加以约束,这样也就不会离经叛道了。"

【原文】

6.28 子见南子①,子路不说②。夫子矢③之,曰:"予所否者④,天厌⑤之!天厌之!"

【注释】

①南子:卫灵公夫人。当时把持着卫国的政治,行为不端。关于她约见孔子一事,在《史记·孔子世家》中有着较为生动的记载。②说(yuè):通"悦",高兴。③矢:通"誓",发誓。④所……者:相当于"假如……的话",常用于誓词之中。⑤厌:厌恶、厌弃。

【题解】

在本章中,描述了孔子为了说服子路而对天发誓的事情,澄清了自己去见南子并没有做什么不正当的事。从这件事情中,我们可以看出孔子是个十分真实的人。另外,这件事也体现出了孔子与学生之间平等、亲切的关系,这也很值得现在的教师们学习。

【译文】

孔子去见南子,子路知道后很不高兴。孔子就发誓道:"我假若做了什么非礼的事情,就让上天厌弃我吧!就让上天厌弃我吧!"

【原文】

6.29　子曰:"中庸①之为德也,其至②矣乎!民鲜③久矣。"

【注释】

①中庸:孔子学说的一种最高道德标准。中,折中,调和,无过之也无不及。庸,平常,普通。②至:极致、顶点。③鲜(xiǎn):少。

【题解】

在本章中,孔子提出了一个极为重要的观点,即"中庸之道",这是儒家思想的核心范畴之一。在孔子眼中,"中庸之道"不仅就是君子之道,更被其视为最高的道德标准,由此可见他对这一思想的重视。另外,中庸还经常被理解为中道,即不偏于对立双方的任何一方,使双方保持均衡状态,让对立的双方互相牵制,互相补充,这种表述体现了"中庸之道"的高度和谐性。

【译文】

孔子说:"中庸作为一种道德,应该是最高的了!但人们已经很久没有达到这种境界了。"

【原文】

6.30　子贡曰:"如有博施于民而能济众,何如?可谓仁乎?"子曰:"何事于仁,必也圣乎!尧、舜其犹病诸①!夫②仁者，己欲立而立人，己欲达而达人。能近③取譬④，可谓仁之方也已。"

【注释】

①尧、舜：传说中上古时代两位天子，是孔子推崇的圣人。病：心有所不足。②夫（fú）：助词，用于句首，提起下文。③近：指自身或身边的人和事。④譬：比如、例子。

【题解】

在本章中，孔子继续对"仁"的概念进行了阐述。他觉得一个仁爱的人，必定善于为他人着想。也就是"己欲立而立人，己欲达而达人"，这是实行"仁"的重要原则。只要能够"推己及人"，就能做到"仁"。这与后面章节中提到的"己所不欲，勿施于人"等，都是孔子关于"仁"的基本主张，是孔子思想的一个重要方面，也是这个社会的基本伦理准则。即便到了今天，也同样有着重要的意义。

【译文】

子贡说："如果一个人能够广泛地给民众施以好处，而且还能够帮助众人生活得很好，这人怎么样呢？可以说他有仁德了吗？"孔子说："这不仅仅是仁德啊，那简直就是圣人啊！尧和舜大概都很难做到那样！一个有仁德的人，自己想要站得住时，还会帮助别人先站稳；自己想要事事通达顺畅时，还会帮助别人先做到事事通达顺畅。凡事都能从身边或近处去做，这就是实行仁道的方法了。"

述而篇第七

【原文】

7.1 子曰:"述而不作,信而好古①。窃②比于我③老彭④。"

【注释】

①古:古代文化。②窃:私下。③比于我:以我比,把自己与老彭相比。④老彭:商代的贤大夫彭祖,另一说指老子和彭祖两人,本章按前说解。

【题解】

孔子的一生虽然都致力于文化遗产的整理,以及文化教育的普及,但他却在总结自己的事业时,只是说了"述而不作"而已。其实,这是他对传统文化的尊重,是他谦虚的说法而已。孔子并非真的只是述而不作,比方说以"仁"解"礼"就是孔子的创作。此外,他在教育上的创新,对教育事业的发展也有着不小贡献,这些都是他的创作。

【译文】

孔子说:"只阐述而不创作,深信并喜爱古代的文化,私下里我将自己与老彭相比。"

【原文】

7.2 子曰:"默而识①之,学而不厌②,诲人不倦,何有于我哉?"

【注释】

①识(zhì):通"志",记住。②厌:满足。

【题解】

在本章中,孔子讲到了为学和为师的基本原则。在为学时,默而识之说的是要用心,学而不厌则是要求学生不要产生自满的心理。在为师时,诲人不倦是对学生有耐心和爱心。他的这种"学而不厌,诲人不倦"的为学、为师思想,对我国教育思想的形成与发展,有着极为深远的意义。

【译文】

孔子说:"把所见所闻默默地记在心上,努力学习却从未感到满足,教导别人而不知疲倦,这些事我做到了多少呢?"

【原文】

7.3 子曰:"德①之不修,学之不讲,闻义不能徙②,不善不能改,是吾忧也。"

【注释】

①德:品德。②徙:迁徙,此处引申为亲身实践。

【题解】

孔子生活在春秋末期,当时天下大乱,世人皆不注重自身道德的修养与提高,不能迁善改过。对此,孔子常以为忧虑,才发出了这样的慨叹。在本章中,他将道德修养、读书学习和知错即改三个问题相提并论,希望人们能够多进行道德方面的修养,多对学问进行研习,同时还要及时改正自己的过失或"不善"之举,只有这样才能不断地完善自己,提高自身的修养。

【译文】

孔子说:"不去培养品德,不去讲习学问,听到义在那里却不能亲身实践,有缺点也不能改正,这些都是我所忧虑的。"

【原文】

7.4　子之燕居①,申申②如也,夭夭③如也。

【注释】

①燕居:安居,闲居。②申申:舒展的样子。③夭夭:愉快高兴的样子。

【题解】

本章描写了孔子在闲居时十分舒适自如的本色。这很符合孔子曾反复强调过的淡定知足的生活意境,不仅是闻道以后感悟到的人生乐趣,还是发自内心的自得之乐。这种平静与淡定,尽显圣人的中和之气,需要极高的精神境界才能做到。

【译文】

孔子闲居在家的时候,形态舒展自如,脸上显出愉快高兴的样子。

【原文】

7.5　子曰:"甚①矣吾衰②也!久矣吾不复梦见周公③。"

【注释】

①甚:极其、严重。②衰:衰老。③周公:姓姬,名旦,周武王之弟,鲁国国君的始祖,也是孔子最为敬佩的圣人之一。

【题解】

周公是孔子最景仰的人之一，孔子时常以其为榜样，更以恢复周礼为己任。在本章中，孔子看似在慨叹自己已经很久没有梦到周公了，实则叹息自己虽已步入迟暮之年，但是自己的理想依然未能实现，内心难免有些惆怅。

【译文】

孔子说："我衰老得很厉害呀！我已经好久没再梦见周公了。"

【原文】

7.6　子曰："志于道，据于德，依于仁，游于艺①。"

【注释】

①艺：指六艺，包括礼、乐、射、御、书、数。

【题解】

这是孔子教导弟子进德修业的教学大纲，层次分明，旨在要求弟子们应当具备好的品德和娴熟精湛的技艺。在孔子看来，培养弟子就应以道为方向，以德为立脚点，以仁为根本，以六艺为涵养之境，只有这样才能使弟子们得到全面发展。

【译文】

孔子说："以道为志向，以德为根据，以仁为依靠，而游憩于礼、乐、射、御、书、数六艺之中。"

【原文】

7.7　子曰："自行束脩①以上，吾未尝无诲②焉。"

【注释】

①束脩（xiū）：一束干肉，即十条干肉。②诲：教诲。

【题解】

孔子的这段话意在说明,只要是有心向学的人前来求教,他都愿意教授对方知识,并不像有些人理解的那样,只有先交了学费孔子才肯授以学问。如果是那样的话,孔子的门徒只会是些权贵子弟,哪里会有颜回这类贫民弟子呢?他在此处强调的就是"有教无类"的教育思想,并不以出身定夺他人。正因为如此,他才成了中国历史上第一个将教育普及贫民子弟的人。

【译文】

孔子说:"只要是主动给我十条干肉作为见面礼的,我从没有不给予教诲的。"

【原文】

7.8　子曰:"不愤①不启,不悱②不发③。举一隅④不以三隅反,则不复⑤也。"

【注释】

①愤:思考问题时有疑难想不通。②悱(fěi):想表达却说不出来。③发:启发。④隅:角落,方面。⑤复:再。

【题解】

在本章中,孔子提到了教育者应当激发学生主动思考的能力,让受教育者自主开启活跃的心智,面对问题最好能够独立思考。而且,孔子在本章中进一步阐述了"启发式"的教学思想,对"填鸭式"的机械教学做法极为反对。他觉得学生若是能从所学之中有所感悟,并做到"举一反三",这才是符合自己教学的基本规律。

【译文】

孔子说:"教导学生,不到他冥思苦想仍不得其解的时候,不要去开导他；不到他想说却说不出来的时候，不要去启发他。在给他指出一个方面后，如果他不能由此举一反三地灵活应用，就不必再教导他了。"

【原文】

7.9　子食于有丧者之侧①，未尝②饱也。

【注释】

①侧：旁边。②尝：从来。

【题解】

本章的描述，表现出了孔子的恻隐之心，即便是他人的丧事，对他而言也是感同身受。他的这种表现不仅是出于"礼"，还是发自内心的真实情感。

【译文】

孔子在有丧事的人旁边吃饭，从来没有吃饱过。

【原文】

7.10　子于是日①哭，则不歌。

【注释】

①是日：这一天。

【题解】

本章表现出孔子内在的、虔敬真诚的仁德。在有丧事的这一天不唱歌，这是有意、用心表示对人的尊敬和对礼的遵循，是孔子仁爱思想的表现。

【译文】

孔子如果在这一天哭泣过，就不再唱歌。

【原文】

7.11 子谓颜渊曰:"用之则行①,舍②之则藏,唯我与尔有是夫③!"子路曰:"子行三军,则谁与④?"子曰:"暴虎⑤冯河⑥,死而无悔者,吾不与也。必也临事而惧⑦,好谋而成⑧者也。"

【注释】

①行:行动起来。下文中"子行三军"中的"行"做"指挥、统率"讲。②舍:用不到。③夫(fú):语气词,相当于"吧"。④与:同……一起,共事。⑤暴虎:赤手空拳与老虎搏斗。⑥冯河:冯,通"凭",即赤足蹚水过河。⑦惧:谨慎戒惧。⑧成:决断。

【题解】

在本章中,孔子先是表达了自己对颜回的赞赏,表扬颜回能够在进退之间谨守自己的理想和抱负,真正做到了"用舍行藏"。同时,他又对子路有勇无谋的做法提出了婉转的批评。虽然孔子本人也提倡"勇",但却不赞同蛮干,而是提倡"临事而惧,好谋而成",只有智勇兼备才能成就事业。否则的话,很难成就大事。

【译文】

孔子对颜渊说:"如果用我,就去努力工作;如果不用我,就隐居起来。恐怕只有我和你才能做到这样吧!"子路说:"如果让您率领三军,您愿与谁一起共事呢?"孔子说:"赤手空拳和老虎搏斗,徒步涉水渡过大河,即使死了也心甘情愿的人,我是不会与他共事的。我所要找的共事的人,一定是面对事情能够谨慎戒惧,且善于谋划决断的人。"

【原文】

7.12 子曰:"富而①可求②也,虽执鞭之士③,吾亦为之。

如不可求，从吾所好④。"

【注释】

①而：假设连词，用法同"如"。②可求：可以求得，指按照道理可以求得。③执鞭之士：古代的天子、诸侯和官员出入时手执皮鞭开路的人。意思指地位低下的官职。④好：喜好、爱好。

【题解】

在古时，富贵的获得有着很大的偶然性，并不是依靠努力就能够得到的，但是对于道的追求则不同，只要人们肯努力，都可以取得成绩。因此，孔子在本章中告诫弟子，不要一味地去追求富贵，那只是可遇而不可求的事情。即便是一心追求富贵，也要合乎道才行，否则就不能去追求。这也说明孔子并不反对富有和做官，但应取之有道才行。

【译文】

孔子说："财富如果可以求得的话，即使是做个手拿鞭子的差役我也愿意。如果不可以求得的话，我宁可做自己喜欢的事。"

【原文】

7.13 子之所慎：齐①，战，疾。

【注释】

①齐：同"斋"，古代祭祀之前，要先整洁身心，以示祭祀之时的虔诚，就是斋戒。

【题解】

孔子对于战争和祭祀这类国家大事，以及个人的疾病等极为谨慎，反映了孔子对生命的珍惜。

【译文】

孔子谨慎小心对待的事情有三件:斋戒、战争和疾病。

【原文】

7.14 子在齐闻《韶》①,三月不知肉味。曰:"不图②为乐之至于斯也!"

【注释】

①《韶》:相传是舜时的乐曲。②不图:想不到,没想到。

【题解】

孔子本人有着极深的音乐素养,对于音乐有着极高的鉴赏能力。当他听完《韶》乐后,在很长时间内都品尝不出肉的滋味。这虽然是一种比较夸张的说法,但却表明了孔子对于音乐教化的重视。在他看来,音乐可以陶冶一个人的性情,丰富一个人的内涵。

【译文】

孔子在齐国听到《韶》乐后,在很长时间内即便是吃肉都感觉不到肉的香味。于是,他感叹道:"没想到欣赏音乐竟然能够达到这样的境界!"

【原文】

7.15 冉有曰:"夫子为①卫君②乎?"子贡曰:"诺,吾将问之。"入,曰:"伯夷、叔齐何人也?"曰:"古之贤人也。"曰:"怨③乎?"曰:"求仁而得仁,又何怨?"出,曰:"夫子不为也。"

【注释】

①为(wèi):帮助,赞成。②卫君:指的是卫出公蒯辄。蒯辄是卫灵公之孙,太子蒯聩之子。此前蒯聩曾得罪了卫灵公的夫人南

子,被迫逃亡至晋国。卫灵公死后,蒯辄为君。晋国想借把蒯聩送回之机攻打卫国,才引发了这场父子之争。③怨:悔恨。

【题解】

本章描述的是卫出公蒯辄与其父蒯聩争夺王位的战争,对于这种破坏礼制秩序的战争,孔子一向都很反对。由于这件事恰好与伯夷、叔齐两兄弟互相让位的史实形成鲜明的对比,子贡便以此事试探孔子的态度。对此,孔子借赞扬伯夷、叔齐之机对卫出公父子的不义之战表示不满。在他看来,为了个人的欲望而使成千上万的百姓遭殃,就是极大的不仁。

【译文】

冉有说:"老师会帮助卫君吗?"子贡说:"嗯,我去问问老师吧。"子贡来到孔子的房中,问道:"伯夷和叔齐的为人如何呢?"孔子说:"他们是古代贤人啊。"子贡说:"那他们的心理有没有怨悔呢?"孔子说:"他们一心一意追求仁德,便得到了仁德,又怎么会有怨悔呢?"子贡走了出来,对冉有说道:"老师是不会帮助卫君的。"

【原文】

7.16 子曰:"饭①疏食②,饮水,曲肱③而枕之,乐亦在其中矣。不义而富且贵,于我如浮云。"

【注释】

①饭:吃。名词用作动词。②疏食:糙米饭。③曲肱(gōng):指弯着胳膊。

【题解】

在本章中,孔子将自己对于人生快乐的理解再次进行了阐释,同时还申明了自己坚持以"仁义"为主体的理想。他所提倡的"安贫",就是为了"乐道"。在他眼中,"饭疏食,饮水,曲肱而枕之"的生活,别人可能无法理解,但自己却能乐在其中。另外,他还觉得以不义之手段得来的荣华富贵,就像天上浮云一般,只不过是过眼云烟而已。

【译文】

孔子说:"吃的是粗粮,喝的是清水,弯起胳膊当枕头,这其中也是很有乐趣的。若是通过不正当的手段得来的富贵,对我来说就像是浮云一般。"

【原文】

7.17 子曰:"加①我数年,五十以学《易》②,可以无大过③矣。"

【注释】

①加:通"假"字,给予的意思。②《易》:《易经》,相传是周文王所作,故又称《周易》。《周易》是我国古代一部用以占筮(卜卦)的书,也是儒家的重要经典之一。③大过:大错误。

【题解】

孔子很喜欢读《周易》,《史记》中记载了孔子因读《易》而"韦编三绝"的事情。孔子此前就曾说过"五十而知天命",而在本章中他又说"五十以学《易》",这些都是他对人生意义的探求。他之所以认真地研究《周易》,也是为了让自己的言行更加符合"天命",即让自己保持着活到老、学到老、乐天知命而又积极进取的精神。

【译文】

孔子说:"让我多活几年,等我到了五十岁的时候再去学习《易经》,就可以没有大过错了。"

【原文】

7.18 子所雅言①:《诗》《书》、执礼,皆雅言也。

【注释】

①雅言:古代西周人的语言,即标准语,相当于今天的普通话。

【题解】

此章就孔子从事主要活动所用的语言来说明孔子对于文明传统的尊重。语言是一种文化的工具,中国的语言文字是中华文明的一大特征,孔子对此是非常尊重的。后世曾经想把中国语文拼音化,不但不可行,而且从文化自尊上看也应该好好向孔子学习。

【译文】

孔子有用标准语的时候,如读《诗经》《尚书》和执行礼事时,用的都是标准语。

【原文】

7.19 叶公①问孔子于子路,子路不对。子曰:"女奚②不曰:其为人也,发愤忘食,乐以忘忧,不知老之将至云尔③。"

【注释】

①叶(shè)公:楚国大夫沈诸梁,字子高。封地在叶邑,今河南叶县南三十里有古叶城。②奚(xī):何,为什么,怎么。③云尔:云,如此;尔,同"耳",而已。

【题解】

这一章中子路没有回答叶公打听孔子的问话,也很难回答。孔子自己几句朴实平易的话,在无意当中就向我们展现了一个乐观进取、具有伟大人格和人生境界的圣人形象。孔子自述其心态为"发愤忘食,乐以忘忧",这是求知之心到了忘我忘情的境界,这种人格和境界为后世树立了榜样、开辟了方向,让人们能够充实地去走完自己的人生。

【译文】

叶公问子路孔子是个怎样的人,子路没有回答。孔子说:"你为什么不这样说:他的为人,发愤用功到连吃饭都忘了,快乐得忘记了忧愁,连自己快要衰老了也不知道,如此等等。"

【原文】

7.20 子曰:"我非生①而知之者,好古②,敏以求之者也。"

【注释】

①生:天生。②好古:喜欢古代文化。

【题解】

孔子再一次声明自己是经过后天努力学习而有成就的,否定自己是生而知之者,这既是一种谦逊的美德,更是给了他的学生以极大的鼓励和希望。在本章中,究竟有没有"生而知之者"并不是讨论的重点,孔子只是在用自己的实际行动告诉人们,他之所以能够成为学识渊博的人,完全归功于他对古代的典章制度和文献图书有着真切的爱好,以及自己的勤奋学习。因此,孔子才会说自己是"敏以求之",并非人们所说的天才。

【译文】

孔子说:"我并不是一生下来就懂得所有知识的人,只是一个喜好古代文化,并勤奋敏捷地去求取知识的人。"

【原文】

7.21 子不语：怪①、力②、乱③、神④。

【注释】

①怪：怪异的现象。②力：施暴逞强，以力服人。③乱：叛乱。④神：神鬼之事。

【题解】

孔子的言谈中从来没有对暴力、祸乱、奇迹、魔力和神的崇信，他"敬鬼神而远之"。孔子大力提倡"仁德""礼治"等道德观念，对于现实社会、人类生存、人生意义，孔子都是非常重视的，所以中国文化有合情合理、现实而为了人生的特点。

【译文】

孔子不谈论怪异、勇力、叛乱和鬼神。

【原文】

7.22 子曰："三人行，必有我师焉。择其善者而从之，其不善者而改之。"

【题解】

孔子这句极为著名的话，已经成为人所共知的格言。这句话的道理很简单，就是谦虚好学，可是做起来非常不容易，因为人往往自以为是，免不了虚荣和傲慢。孔子之所以能成为伟大的思想家和教育家，离不开这种谦虚好学的精神。能够虚心向别人学习，这种精神已经十分可贵，更可贵的是，不仅要师人之善，而且要以别人的缺点为借鉴，这是平凡而伟大的真理，对于指导我们处世待人、修身养性、增长知识，都是有益的。

【译文】

孔子说:"三个人同行,其中必定有人可以作为值得我学习的老师。我选取他的优点而学习,如发现他的缺点则引以为戒。"

【原文】

7.23 子曰:"天生德于予,桓魋①其如予何?"

【注释】

①桓魋(tuí):宋国的司马(主管军政的官)。

【题解】

这一章表现了孔子崇高的自信和清醒的使命感。公元前492年,孔子从卫国去陈国时经过宋国。桓魋听说以后,就带兵前去劫杀孔子,但却没能赶上。后来,他将孔子与弟子们演习周礼的那棵大树砍伐掉了,而且还扬言非要杀掉孔子不可。这一章就是孔子与弟子们在紧急逃离宋国时说的。这实际上也是孔子的历史使命感和崇高理想所产生的浩然之气,以及临危不惧的勇气。

【译文】

孔子说:"我的品德是上天所赋予的,桓魋能把我怎样呢?"

【原文】

7.24 子曰:"二三子以我为隐乎?吾无隐乎尔。吾无行而不与二三子者,是丘也。"

【题解】

这一章讲孔子的教育之道注重言传身教。孔子为万世师表,树立了教师职业道德的楷模,一是靠身教,不表白什么,也不要有任何保留;二是把学习融入日常生活,循循善诱,诲人不倦,让学生亲身去体验和感悟。

【译文】

孔子说:"你们大家以为我对你们有什么隐瞒不教的吗?我没有什么隐瞒不教你们的。我没有一点不向你们公开的,这就是我孔丘的为人。"

【原文】

7.25 子以四教①:文、行②、忠、信。

【注释】

①四教:四种教育内容。②行(xìng):作名词用,指德行。

【题解】

这一章是讲孔子教学的内容和由浅入深的顺序。孔子注重历代古籍、文献资料的学习和教学,但仅有书本知识还不够,还要重视社会实践活动,特别要注意学识与人品并重。从《论语》书中所记,我们可以看到孔子带领他的学生周游列国,让学生在实践中增长知识、锻炼才干。但光有书本知识和实践活动还不够,还要养成好的人品、忠、信的德行,总起来讲,就是书本知识、社会实践和人格道德修养三个方面。

【译文】

孔子以四项内容来教导学生:文献典籍、德行、忠诚、守信。

【原文】

7.26 子曰:"圣人①,吾不得②而见之矣;得见君子者,斯③可矣。"子曰:"善人④,吾不得而见之矣;得见有恒⑤者,斯可矣。亡而为有,虚而为盈⑥,约⑦而为泰⑧,难乎有恒矣。"

【注释】

①圣人:具有最高智慧和道德的人。②得:能,能够。③斯:

就,那么。④善人:有道德的、善良的人。⑤有恒:有恒心。这里指有一定的操守。⑥盈:充实。⑦约:穷困、贫乏。⑧泰:富有。

【题解】

这一章表明了孔子对当时现实的感叹。面对春秋末期"礼崩乐坏"的社会状况,孔子认为在此社会背景下,难以找到他理想中的"圣人""善人",而那些"虚而为盈,约而为泰"的人却比比皆是。在这样的情况下,能看到"君子""有恒者",即不断追求进步的人,就已经很满足了。

【译文】

孔子说:"圣人我是看不到了,能够看到君子,我就很满足了。"孔子又说:"善人我是看不到了,能够看到有一定操守的人我也满足了。没有却装作有,空虚却装作充盈,本来穷困却装作宽裕,这样的人是很难保持好一定的操守的。"

【原文】

7.27 子钓而不纲①,弋②不射宿③。

【注释】

①纲:动词,用大绳系住网,断流以捕鱼。②弋(yì):用带生丝的箭来射鸟。③宿:归巢歇宿的鸟。

【题解】

孔子钓鱼而不用网,习射而不射已经入巢栖息的鸟,这种做法将仁德之心推及到了一切事物。这虽然只是一种最朴实的生活态度,但却显现出了孔子那至高的仁德之境。

【译文】

孔子只用鱼竿钓鱼,而不用大网来捕鱼,用带生丝的箭射鸟,但不射归巢栖息的鸟。

【原文】

7.28 子曰:"盖有不知而作之者,我无是也。多闻,择其善者而从之,多见而识之,知之次①也。"

【注释】

①次:差一等、次一等。

【题解】

本章是孔子关于学习的方法论,他主张对自己所不知的,应该多闻、多看,努力学习。反对那种本来什么都不懂,却在那里凭空造作的做法。注重实践,反对空谈,他自己是这样做的,同时也要求他的学生这样去做。

【译文】

孔子说:"大概有自己不懂却凭空造作的人吧,我没有这样的毛病。多听,选择其中好的加以学习;多看,全记在心里。这样的知,是仅次于'生而知之'的。"

【原文】

7.29 互乡①难与言②,童子见,门人惑。子曰:"与③其进也,不与其退也,唯何甚!人洁④己以进,与其洁也,不保其往⑤也。"

【注释】

①互乡:地名,今在何处已不可考。②难与言:难以沟通、交谈。③与:赞成。④洁:原意是清洁卫生,本章意为洁身自好,虚心求学。⑤往:过往、过去。

【题解】

孔子正是抱着人都可教,错都可改,凡事皆"成人之美"的愿望,才有"诲人不倦""有教无类"的教育态度。孔子知道在互乡这个地方的人很难打交道,很多道理都行不通。因此,他才说"与其进也,不与其退也""人洁己以进,与其洁也,不保其往也",这也从侧面体现出孔子与人为善的处世态度和宽容精神。

【译文】

互乡这地方的人很难沟通,但是孔子却接见了互乡的一个童子,弟子们对此都很疑惑。孔子说:"我是赞成他追求上进,不赞成他退步,何必做得太过分呢?人家把自己收拾得整洁而又干净,过来要求上进,就应该赞成他的这种做法,而不要总是记着他的过去。"

【原文】

7.30 子曰:"仁远乎哉?我欲仁,斯仁至矣。"

【题解】

在这里,孔子坚信只要愿意以仁的标准要求自己,持续不变地按照仁的规范来行动,那么就能达到仁的境界。我们从孔子在本章中的言论来看,仁就在我们身边,在人的本性之中就蕴含着仁的思想。因此,只要诚心去为仁,则"斯仁至矣"。对仁的这种认识,需要人在道德上保持自觉,同时还应通过不懈的努力。在本章中,孔子强调了为仁的重点在于人的主观能动性,这一点很重要。

【译文】

孔子说:"仁德难道离我们很遥远吗?如果我想要求仁,仁就会来的。"

【原文】

7.31 陈司败①问:"昭公知礼乎?"孔子曰:"知礼。"孔子退,揖巫马期②而进之,曰:"吾闻君子不党,君子亦党乎?君取于吴③,为同姓,谓之吴孟子④。君而知礼,孰不知礼?"巫马期以告。子曰:"丘也幸,苟⑤有过,人必知之。"

【注释】

①陈司败:陈国主管司法的官,姓名不详,也有人说是齐国大夫,姓陈名司败。②巫马期:姓巫马,名施,字子期。孔子的弟子,小孔子三十岁。③吴:国名。鲁为周公之后,吴为太伯之后,二者皆为姬姓。④吴孟子:鲁昭公夫人,本应叫吴姬,因同姓不婚,故去掉她的姓(姬),改称吴孟子。⑤苟:如果,假如。

【题解】

孔子对鲁昭公娶同姓之女这一失礼的行为故作不知,表明了他是"为尊者讳",这在表面上与他追求的礼制有悖。不过,在有人提出来的时候,孔子却又坦然承认自己的错误,并说道:"丘也幸,苟有过,人必知之。"其实,孔子通过这种方式已经表明了鲁昭公行为是有失礼节的,而且他的做法也没有失礼,他是故意犯这个错的。

【译文】

陈司败问:"鲁昭公知礼吗?"

孔子说:"他知礼。"

孔子走出去后,陈司败向巫马期作了个揖,请他走近自己,说:"我听说君子不因关系亲近而偏袒,难道君子也有偏袒吗?鲁君从吴国娶了位夫人,是鲁君的同姓,于是称她为吴孟子。鲁君若算得上知礼,还有谁不知礼呢?"

巫马期把此话告诉了孔子。孔子说:"我孔丘真是幸运啊,如果有了错误，别人一定会指出来让我知道的。"

【原文】

7.32　子与人歌①而善②，必使反③之，而后和④之。

【注释】

①歌：唱歌。②善：唱得好。③反：反复、重复的意思。④和：附和、合唱。

【题解】

孔子比较注重将生活艺术化。作为音乐爱好者，音乐是孔子教授弟子的主要内容之一。因为音乐本身就是礼乐的重要组成部分，喜欢音乐就是尊崇礼乐。

【译文】

孔子与别人一起唱歌时，如果别人唱得好，他一定会请别人再唱一遍，然后自己还会和着别人唱。

【原文】

7.33　子曰："文，莫①吾犹人也。躬行君子，则吾未之有得。"

【注释】

①莫：大概，差不多。

【题解】

孔子一直否认自己是生而知之的，在本章中，他再次强调了身体力行对于修身养性的重要性。另外，对于"文，莫吾犹人也"这一句，在学术界中有着不同的解释。有的说此句意为"讲到书本知识我不如别人"；有的说此句应为"勤勉我是能和别人相比的"。在本文中，我们按照"大概我和别人差不多"的解释进行阐述。

【译文】

孔子说:"在学习文献知识方面,我和别人差不多。在身体力行地去做一个君子这方面,我还没有达到。"

【原文】

7.34 子曰:"若圣与仁,则吾岂敢?抑①为之不厌,诲人不倦,则可谓云尔②已矣。"公西华曰:"正唯③弟子不能学也。"

【注释】

①抑:表转折的语气词,"只不过是"的意思。②云尔:这样说。③正唯:这正是。

【题解】

孔子认为学而不知满足是知,教诲别人不知疲倦是仁,二者结合起来就是圣的境界。在本篇第二章中,孔子曾谈到过"学而不厌,诲人不倦",而在本章孔子又说"为之不厌,诲人不倦",大家若是仔细推敲的话,不难发现这两种思想其实是一致的。在孔子看来,他虽然还没有达到圣与仁的境界,但是他会坚持朝着这个方向努力。与此同时,他还会不知疲倦地教诲别人,这些都是他的由衷之言,毫无造作之意。

【译文】

孔子说:"如果说到圣和仁,我怎么敢当!我只不过是朝着圣与仁的方向努力地去做且未感到满足,教导别人而不知疲倦,只是这样罢了。"公西华说:"这正是我们这些弟子学不到的啊!"

【原文】

7.35 子疾病①,子路请祷②。子曰:"有诸③?"子路对曰:"有之。《诔》④曰:'祷尔⑤于上下神祇⑥。'"子曰:"丘之祷久矣。"

【注释】

①疾病：身体不舒服，轻者为疾，重者为病，二者连用表示病情严重。②请祷：向鬼神请求和祷告，即祈祷。③诸："之于"的合音。④诔（lěi）：向神祇祷告的一种文章。⑤尔：你。⑥神祇（qí）：天神和地神。

【题解】

本章是孔子不相信鬼神的又一个例证。我们从孔子一贯的言论可以看出，他是相信人的尊严和仁道的力量的，不相信祈祷天神地祇可以治病。当他患了重病，子路为他祈祷时，孔子并未对此举加以反对，只是说自己已经祈祷很久了。这段文字并未说明他是一个迷信天地神灵的人，也没有表明他对鬼神的怀疑态度。在面对生死与疾病时，他只是表现出了泰然处之的乐观态度。

【译文】

孔子病得很重，子路请求祈祷。孔子说："有这回事吗？"子路回答说："有的。《诔》文中说：'为您向天地神灵祈祷。'"孔子说："我早就祈祷过了。"

【原文】

7.36 子曰："奢则不孙①，俭则固②。与其不孙也，宁固。"

【注释】

①孙（xùn）：通"逊"，恭顺。不孙，即为"不顺"，这里指越礼。②固：简陋、鄙陋，这里是寒酸的意思。

【题解】

孔子在奢与俭二者的取舍之间，表现出了圣者的理智，把握好了尺度。在春秋时代，各诸侯、大夫等争相僭越礼制，生活极为奢侈豪华，他们的生活享乐标准和礼仪规模都与周天子没有区别。孔子觉得，若是礼节过于奢侈，很容易出现越礼、违礼的行为；若是礼节过于简单，则会让人感到寒酸固陋。但是，与其越礼、违礼，还是寒酸固陋一点好，至少还能保持住礼的尊严。

【译文】

孔子说："奢侈豪华就会显得不谦逊，俭省朴素则会显得寒酸。与其不谦逊，宁可寒酸些。"

【原文】

7.37 子曰："君子坦荡荡，小人长戚戚①。"

【注释】

①戚戚：忧愁不安的样子。

【题解】

君子胸怀坦荡，问心无愧，行事自然会光明磊落；而小人容易陷于私欲，纠缠于得失之间。二者相比，其思想上的境界简直大相径庭。当然，君子与小人的根本差别还是在于人生目标和人生信仰上的不同。

【译文】

孔子说："君子的心地开阔平坦宽广，小人却总是心地局促还时常带着烦恼。"

【原文】

7.38 子温①而厉②，威③而不猛④，恭⑤而安⑥。

【注释】

①温：温和。②厉：严厉。③威：有威仪。④猛：凶猛。⑤恭：

谦恭。⑥安：安详。

【题解】

这是孔子在弟子心中最全面、最深刻的印象。像孔子这种既亲切又严厉、有威仪又不凶猛、谦恭而又安详的境界，是很少有人能够做到的。即便时隔两千五百余年，我们依然可以感觉得到。其实，越是日常生活中的自然状态，就越能反映出一个人的真实面貌。孔子做人确实已经达到常人难以企及的境界。

【译文】

孔子温和而严厉，有威仪而不凶猛，谦恭而安详。

泰伯篇第八

【原文】

8.1 子曰:"泰伯①,其可谓至德②也已矣。三以天下让,民无得③而称焉。"

【注释】

①泰伯:又叫太伯,周朝祖先古公亶父的长子。②至德:最高尚的品德。③无得:不能。

【题解】

大德无名,大功不争。孔子觉得,让贤是一种高尚的美德,上古时代的首领不但辛勤劳作,让贤之事也是时有发生。传说古公亶父知道三子季历的儿子姬昌有德,便想传位给季历,泰伯也想让位,与二弟仲雍一起避居吴地。古公亶父死后泰伯也不回来奔丧,后来又断发文身,表示终身不回来了,把君位让给了季历,季历之后就传位于姬昌,即周文王。到了武王时,灭了殷商,统一了天下。孔子对这个故事可谓津津乐道,因为它正符合孔子的理想。而让位者显示出的明智与仁德,也是老百姓无比崇敬的。

【译文】

孔子说:"泰伯,可以说是道德最高尚的人了。他多次把天下辞让给季历,人民简直都找不出恰当的词语来称颂他了。"

【原文】

8.2 子曰:"恭而无礼则劳,慎而无礼则葸①,勇而无礼则乱,直而无礼则绞②。君子笃③于亲,则民兴于仁;故旧不遗,则民不偷④。"

【注释】

①葸(xǐ):拘谨、畏惧的样子。②绞:说话尖刻,出口伤人。③笃:厚待,真诚。④偷:淡薄,不厚道。

【题解】

凡事过犹不及,孔子重视适度合宜,讲究尺度,人情味和理性要完美结合,恭、慎、勇、直,这些德目的实践要符合中庸的准则,它们之间应当互有联系,互相补充,否则就会出现"劳""葸""乱""绞"等情况。

【译文】

孔子说:"一味恭敬而不知礼,就未免会疲劳倦乏;只知谨慎小心而不知礼,便会胆怯多惧;只是勇猛而不知礼,就会莽撞作乱;心直口快而不知礼,就会尖锐刻薄。君子能用深厚的感情对待自己的亲族,民众之间就会兴起仁德的风气;君子不遗忘、不背弃他的故交旧朋,民众就不会对他人冷淡、漠然了。"

【原文】

8.3 曾子有疾,召门弟子曰:"启①予足!启予手!《诗》云:'战战兢兢②,如临③深渊,如履④薄冰。'而今而后,吾知免⑤夫！小子！"

【注释】

①启：看、视。②战战兢兢：小心谨慎而内心惧怕的样子。此句见于《诗经·小雅·小旻》，后两句皆出于此。③临：面临、面对。④履：行走。⑤免：免受刑戮毁伤。

【题解】

本章讲曾子因病而得出人生的经验，这也是一种学习。据《孝经》记载，孔子曾对曾参说过："身体发肤，受之父母，不敢毁伤，孝之始也。"也就是说，孝子应当小心爱护父母给予自己的身体，头发和皮肤都不能损伤，自爱是孝的开始。曾子在本章中借用《诗经》里的诗句来说明自己一生谨慎小心，避免损伤身体，就是对父母尽孝。

【译文】

曾子病重，就将弟子召集过来，说道："看看我的脚！看看我的手！《诗经》上说：'战战兢兢，好像面临着深渊，好像走在薄薄的冰层上。'从今以后，我才知道自己可以免于祸害刑戮了！学生们啊！"

【原文】

8.4 曾子有疾，孟敬子①问之。曾子言曰："鸟之将死，其鸣也哀；人之将死，其言也善。君子所贵乎道②者三：动容貌③，斯远暴慢④矣；正颜色⑤，斯近信矣；出辞气⑥，斯远鄙倍⑦矣。笾豆之事⑧，则有司⑨存。"

【注释】

①孟敬子：鲁国大夫仲孙捷，孟武伯之子。②道：准则、原则。③动容貌：常注意自己的容貌。④暴慢：粗暴无礼、懈怠侮慢。

⑤正颜色：端正自己的脸色。⑥出辞气：讲究言辞和声气。⑦鄙倍：鄙陋，错误。倍，通"背"，背理，错误。⑧笾豆：祭礼中使用的器皿，笾是竹制的，豆是木制的。笾豆之事，在此代表礼仪中的一切具体细节。⑨有司：主管祭祀的官吏。

【题解】

曾子所言意在劝诫孟敬子，作为执政者应当注意修身。曾子先用"鸟之将死，其鸣也哀"做比喻，说明"人之将死，其言也善"，非常明白地告诉孟敬子自己接下来的话并没有什么恶意。

然后，他才告诉孟敬子，作为君子应当重视的三个方面的修养，即礼义之始：正容体、齐颜色、顺辞令。

【译文】

曾子生病了，孟敬子去探问他。曾子说："鸟将要死时，鸣叫声是悲哀的；人将要死时，说出的话是善意的。君子所应当注重的有三个方面：使自己的容貌庄重严肃，这样可以避免别人的粗暴和怠慢；使自己面色端庄严正，这样容易使人信服；讲究言辞和声气，这样就可以避免粗野和错误。至于礼仪中的细节，自有主管部门的官吏在那里主持。"

【原文】

8.5 曾子曰："以能问于不能，以多问于寡；有若无，实若虚；犯而不校①。昔者吾友②尝从事于斯矣。"

【注释】

①校（jiào）：计较。②吾友：有人说指颜渊。

【题解】

这一章与《公冶长》篇第15章"不耻下问"的思想是一致的。

曾子完全继承了孔子的思想学说。"问于不能""问于寡"等都表明了曾子谦逊好学的态度，也是聪明的求学方法。更何况，知识浅陋、才能一般的人，并非一无是处，在他们身上总有值得别人学习的地方。因此，善于学习的人既能向有知识、有才能的人学习，又能向知识浅陋、才能一般的人学习。曾子还提出"有若无""实若虚"，就是想告诫人们，要保持谦虚不自满和虚怀若谷的学习态度。另外，曾子所言之"犯而不校"，其所体现出来的忍让精神以及宽阔的胸怀，都值得我们学习。

【译文】

曾子说："有才能却向没有才能的人请教，知识广博却向知识少的人请教；有学问却像没学问一样，满腹知识却像虚无所有；即使被冒犯，也不去计较。从前我的一位朋友就曾这样做了。"

【原文】

8.6　曾子曰："可以托六尺①之孤，可以寄百里②之命，临大节而不可夺③也。君子人与④？君子人也。"

【注释】

①六尺：古人以七尺为成年人，六尺则是指十五岁以下的人。②百里：指方圆百里的诸侯大国。③夺：动摇、改变。④与（yú）：同"欤"，表疑问的语气词。

【题解】

曾子认为，有德才担当辅佐国君、执掌国政，并能在生死关头坚守节操，决不屈节降志的人，才是真正具有君子品格的人。

【译文】

曾子说："可以把幼小的孤儿托付给他，可以将百里的国家寄托于他,在面对安危存亡的紧要关头时,能够不动摇、不屈服。这样的人是君子吗?这样的人是君子啊!"

【原文】

8.7 曾子曰:"士不可以不弘毅①,任重而道远。仁以为己任,不亦重乎?死而后已,不亦远乎?"

【注释】

①弘毅:宽宏刚毅。

【题解】

伟大人格的形成是需要长期修养锻炼的,不能凭一时的勇气。曾子这段话对后世人才的成长影响很大,其中"任重道远""死而后已"等早已被人们作为成语使用。

【译文】

曾子说:"士人不可以不宽宏刚毅,因为他肩负的任务重大而路程遥远。把实现仁德作为自己的任务,难道不重大吗?到死方才停止下来,难道不遥远吗?"

【原文】

8.8 子曰:"兴于诗,立于礼,成于乐。"

【题解】

这一章孔子提出了从事文化教育的基本程序和三方面内容——诗、礼、乐,而且还指出了这三者的不同作用。他觉得学生不仅要讲究个人的修养,还应有广泛、全面的知识和技能。

【译文】

孔子说:"从学习《诗》开始,把礼作为立身的根基,掌握音乐使所学得以完成。"

【原文】

8.9 子曰:"民可使由之,不可使知之。"

【题解】

对于本章如何断句,不同的人有着不同的意见。如康有为、梁启超等人认为应标为:"民可使,由之;不可使,知之。"意谓:"百姓的知识水平提高了,就给他们政治自由;如尚未达到这一水准,就先教育他们。"康、梁的用心是想通过他们的阐发,让孔子的这段名言能够顺应时代潮流,而不至于被人批评为愚民政治观。

孔子思想上有"爱民"的内容,但是治国自有治国的方策。本章他提出的"民可使由之,不可使知之"的说法就是从当时的治国之策上说的。我们不能从现代的社会情况出发去要求孔子。

【译文】

孔子说:"可以使民众由着我们的道路去做,不可以让他们知道为什么要这样做。"

【原文】

8.10 子曰:"好勇疾①贫,乱也。人而不仁,疾之已甚②,乱也。"

【注释】

①疾:恨,憎恨。②已甚:即太过分。已,太。

【题解】

本章与上一章联系起来,表达了孔子对社会发展的辩证思想,好勇而不安贫,这就不利于社会的安定,而对于那些不仁的人过于痛恨,也会惹出祸乱。所以,适度是非常重要的。

【译文】

孔子说:"喜欢勇悍逞强而厌恶贫困,是一种祸害。对不仁的人憎恶太过,也是一种祸害。"

【原文】

8.11 子曰:"如有周公之才之美,使骄且吝①,其余不足观②也已。"

【注释】

①吝:吝啬。②不足观:不值得一提。

【题解】

本章强调的是孔子择人的标准,既要德才兼备,还要谦逊大方。

【译文】

孔子说:"即使有周公那样美好的才能,如果骄傲而吝啬,那么其他的方面也就不值一提了。"

【原文】

8.12 子曰:"三年学,不至①于谷②,不易得也。"

【注释】

①至:想到。②谷:小米,这里指做官得俸禄。

【题解】

在古时,三年是学习的一个阶段,学满三年就能出仕做官了。不过,在本章中我们可以看出,孔子重视的是学习本身所带来的快乐。虽然孔子办教育的主要目的,是为国家培养济世安邦的人才,但是孔子更看重的则是以做学问为主要目的的人。

【译文】

孔子说:"读了三年书,还没有想着去做官拿俸禄,这是很难得的。"

【原文】

8.13 子曰:"笃信①好学,守死善道。危邦②不入,乱邦③不居。天下有道④则见⑤,无道则隐。邦有道,贫且贱焉,耻也;邦无道,富且贵焉,耻也。"

【注释】

①笃信:坚定的信仰。②危邦:出现政治危机的国家。③乱邦:处在动乱之中的国家。④有道:指政治清明。⑤见(xiàn):同"现"。

【题解】

本章论述的是从政者的进退之道与人品的问题。这是孔子给弟子们传授的为官及保身之道。"天下有道则见,无道则隐""用之则行,舍之则藏",孔子并不主张毫无意义的牺牲。此外,他还提出,应当把个人的贫贱荣辱系于国家的兴衰存亡,这才是为官的重点。

【译文】

孔子说:"信仰坚定,好好学习,坚守住自己的信仰,努力地追求真理和正义。不进入危险的国家,不居住在动乱的国家。天下有道,就出来从政;天下无道,就隐居不仕。国家有道,而自己贫穷鄙贱,那是耻辱;国家无道,而自己富有显贵,那也是耻辱。"

【原文】

8.14 子曰:"不在其位,不谋其政。"

【题解】

孔子的这句话,早已成为后世之人在社会生活中的一项原则。在孔子看来,"不在其位,不谋其政"涉及的是个人"名分"的问题。正所谓，名不正则言不顺，不在其位而谋其政，就有僭越之嫌。孔子此言，意在告诫大家，做人要"安分守己"，只有这样才有利于维护社会的稳定，保证国家机器的正常运行，这是管理学上的一个重要原则。

【译文】

孔子说："不在那个职位上，就不考虑它的政务。"

【原文】

8.15 子曰："师挚①之始②，《关雎》之乱③，洋洋乎盈耳哉！"

【注释】

①师挚：鲁国乐师，名挚。②始：乐曲开始的部分。③乱：乐曲的结尾。

【题解】

本章是孔子对鲁国乐师挚演奏《关雎》乐章的赞叹，此间寄寓了孔子礼乐教化的思想。

【译文】

孔子说："从太师挚开始演奏，到结尾演奏《关雎》乐曲的时间里，美妙动听的音乐都充盈在耳边。"

【原文】

8.16 子曰："狂而不直，侗①而不愿②，悾悾③而不信，吾不知之矣。"

【注释】

①侗（tōng）：童子，本章指幼稚、无知。②愿：谨慎老实。③悾悾（kōng）：诚恳的样子。

【题解】

在本章中，孔子对一些虚伪和不可理喻的品质提出了批评。像"狂而不直，侗而不愿，悾悾而不信"，这些都是不好的品质，孔子对此十分反感和不理解。拥有这几种品质的人，给人的感觉既不真实，又不符合中庸的基本原则，这也难怪孔子会说：我真不知道有的人怎么会这样！

【译文】

孔子说："狂妄而不正直，幼稚而不谨慎，看上去诚恳而不守信用，我真不知道有的人怎么会这样！"

【原文】

8.17 子曰："学如不及，犹恐失之。"

【题解】

孔子在本章中讲到了学习要有积极的态度。孔子对自己学习知识的要求十分强烈，这句话是他要求自己勤奋好学、至老不衰的具体要求。与此同时，他还这样要求他的学生。本章与"学而不厌"等句，皆是好学者的座右铭。

【译文】

孔子说："学习（就像追赶什么似的）生怕自己赶不上，学到了还怕会丢掉。"

【原文】

8.18 子曰："巍巍乎，舜、禹之有天下也，而不与[1]焉。"

【注释】

[1] 不与（yù）：不参与其富贵，即不图自己享受。

【题解】

孔子在本章中称颂舜、禹的话,含有其他方面的意思。由于当时的社会正处在礼崩乐坏的混乱时期,弑君、篡位者屡见不鲜。孔子赞颂传说时代的舜、禹,这是对古时大同之世的认同,同时,他也是借称颂舜、禹的机会,对现实中的这些问题进行抨击。

【译文】

孔子说:"多么崇高啊!舜、禹拥有天下,(却是为百姓)而不是为了自己享受。"

【原文】

8.19 子曰:"大哉①,尧之为君也!巍巍乎!唯天为大,唯尧则②之。荡荡乎,民无能名③焉。巍巍乎,其有成功也!焕④乎,其有文章⑤!"

【注释】

①大哉:伟大啊! ②则:效法。 ③名:形容,称赞。 ④焕:光辉。 ⑤文章:指礼仪制度。

【题解】

尧是中国传说时代的圣君,孔子在本章中用了极美好的言辞对其进行了称赞,尤其是对他的礼仪文明更是大加赞美。这既表明了他对古代先王的崇敬,同时也抒发了自己的理想无法实现的复杂心情。

【译文】

孔子说:"尧作为国家的君主,真是伟大呀!崇高呀!唯有天最高最大,只有尧能效法于上天。他的恩惠真是广博呀!百姓简直不知道该怎么来称赞他。他创建的功绩,真是崇高呀!他制定的礼仪制度，真是光辉美好呀！"

【原文】

8.20　舜有臣五人而天下治。武王曰："予有乱臣①十人。"孔子曰："才难，不其然乎？唐、虞之际，于斯为盛。有妇人②焉，九人而已。三分天下有其二，以服事殷。周之德，其可谓至德也已矣。"

【注释】

①乱臣：据《说文》："乱，治也。"此处所说的"乱臣"，应为治国之臣。②妇人：传说是指太姒，文王妻，武王母，亦称文母。

【题解】

在孔子眼中，治国安邦关键在于人才，因此他十分重视举贤才。只要有了人才，国家就可以得到有效的治理，就能保得天下太平。但是，人才毕竟不是那么容易就能得到的。用人唯贤，得人唯德，综观整个历史的发展历程，几乎每一位杰出的人物、优秀的人物都曾发挥过巨大作用。所以，我们也应重视他们的存在。

【译文】

舜有五位贤臣，天下就得到了治理。武王说过："我有十位能治理天下的臣子。"孔子说："人才难得，不是这样吗？唐尧、虞舜时代以及周武王时，人才最盛。然而武王十位治国人才中有一位还是妇女，所以实际上只有九人而已。周文王得了天下的三分之二，还仍然服侍殷朝。周朝的道德，可以说是最高的了。"

【原文】

8.21　子曰："禹，吾无间然①矣。菲②饮食，而致孝乎③鬼神；恶衣服，而致美乎黻冕④；卑宫室，而尽力乎沟洫⑤。禹，吾无间然矣。"

【注释】

①间（jiàn）然：意见。间，空隙。②菲（fěi）：薄。③乎：相当"于"。④黻（fù）冕：古代祭祀时的衣帽。⑤沟洫（xù）：沟渠，指农田水利。

【题解】

孔子不但对尧、舜、禹给予了高度评价，还对他们所处的时代充满了赞美与向往。

【译文】

孔子说："禹，我对他没有意见了。他自己的饮食很差，却用丰盛的祭品孝敬鬼神；他自己平时穿的衣服十分破旧，却把祭祀的服饰和冠冕做得非常华美；自己居住的房屋很差，却把精力完全用于沟渠水利上。禹，我对他没有意见了。"

子罕篇第九

【原文】

9.1 子罕①言利,与②命与仁。

【注释】

①罕:稀少。②与:相信、赞许。

【题解】

本章是弟子们对于孔子平时谈话内容的描写。

【译文】

孔子很少(主动)谈论功利,却相信天命、赞许仁德。

【原文】

9.2 达巷党人①曰:"大哉孔子!博学而无所成名。"子闻之,谓门弟子曰:"吾何执?执御乎?执射乎?吾执御矣。"

【注释】

①达巷党人:达巷,地名。党,五百家为党,达巷党,即达巷里(或屯)。

【题解】

孔子作为当时百科全书式的渊博学者,说出了这样诙谐的话。

【译文】

达巷里有人说:"孔子真是伟大啊!学问广博,可惜没有使他树立名声的专长。"孔子听了这话,对弟子们说:"我干什么好呢?是去驾马车呢,还是去当射箭手呢?我还是驾马车吧!"

【原文】

9.3 子曰:"麻冕①,礼也;今也纯②,俭③,吾从众。拜下,礼也,今拜乎上,泰④也。虽违众,吾从下。"

【注释】

①麻冕:麻织的帽子。②纯:黑色的丝。③俭:用麻织帽子,比较费工,所以说改用丝织是俭。④泰:骄纵、傲慢。

【题解】

在本章中,表明了孔子对于礼仪的改革既有坚持的地方,也有变通的地方,态度十分开明。

【译文】

孔子说:"用麻线来做礼帽,这是合乎礼的;如今用丝来做礼帽,这样省俭些,我赞成大家的做法。臣见君,先在堂下磕头,然后升堂磕头,这是合乎礼节的;现在大家都只是升堂磕头,这是倨傲的表现。虽然违反了大家的做法,我还是主张要先在堂下磕头。"

【原文】

9.4 子绝四:毋意①,毋必,毋固,毋我。

【注释】

①意:通"臆",主观地揣测。

【题解】

在本章中,孔子提出了个人对认识、判断客观事物的四个原则,这是他对自我的超越。"绝四"是孔子自制自知的表现,这涉及人的理智和价值观念。人只有做到这几点才可以增加智慧,修养高尚的道德人格。

【译文】

孔子坚决杜绝了四种毛病:不凭空臆测,不武断绝对,不固执拘泥,不自以为是。

【原文】

9.5 子畏于匡①,曰:"文王既没,文不在兹乎?天之将丧斯文也,后死者不得与②于斯文也;天之未丧斯文也,匡人其如予何③?"

【注释】

①子畏于匡:匡,地名,在今河南长垣县西南。畏,受到威胁。公元前496年,孔子从卫国到陈国时经过匡地。匡人曾受到鲁国阳虎的掠夺和残杀。孔子的相貌与阳虎相像,因此,匡人误将孔子视为阳虎,而将他围困。②与(yù):参与。③如予何:奈我何,把我怎么样。

【题解】

据《史记·孔子世家》记载,本章描述的是孔子在匡地蒙难的事。孔子之所以能够临危而不惧,就在于他有着坚定的信念。因外出讲学、游说而被围困,这对孔子来说已经不是第一次。当然了,这次只是个误会而已。即便如此,他也一再强调了自己的使命,他觉得自己是周文化的继承者和传播者。当孔子屡遭困厄时,他并不是感到人力的局限性,而把人的尊严等同于天,这也表明他有着强烈的自信。

【译文】

孔子在匡地被围困,他说:"周文王死后,文明礼乐不就在我这里吗?上天如果要消灭这种文明礼乐,那我这个后死之人也就不会掌握这种文明礼乐了;上天如果不想灭除这种文明礼乐,匡地的人又能把我怎么样呢?"

【原文】

9.6 太宰①问于子贡曰:"夫子圣者与?何其多能也?"子贡曰:"固天纵②之将圣,又多能也。"子闻之,曰:"太宰知我乎!吾少也贱,故多能鄙事。君子多乎哉?不多也。"

【注释】

①太宰:官名,辅佐君主治理国家的人。②纵:使,让。

【题解】

此章再一次表明当时孔子并不承认自己是天生的圣人。作为孔子的学生,子贡认为自己的老师是天纵之才,是上天赋予他多才多艺的。但孔子否认了上天赋予这一点。他说自己少年低贱,要谋生,就要多掌握一些技艺,这也从侧面表明了孔子的诚实和伟大。

【译文】

太宰向子贡问道:"夫子是圣人吗?为什么他这样多才多艺呢?"子贡说:"这本是上天想让他成为圣人,又让他多才多艺。"孔子听了这些话,说:"太宰知道我呀!我小时候贫贱,所以学会了不少鄙贱的技艺。君子会有很多技艺吗?不会有很多的。"

【原文】

9.7 牢①曰:"子云:'吾不试②,故艺。'"

【注释】

①牢：孔子的学生，姓琴，名牢。②试：用。

【题解】

本章与上一章的内容相一致，孔子同样是在说明自己并非生而知之者的观点。他不认为自己是圣人，也不承认自己是天才，他说自己的多才多艺是由于年轻时身份低下，生活比较清贫，为了谋生所以掌握了许多的技艺。

【译文】

牢说："孔子说过：'我不曾被国家任用，所以学得了一些技艺。'"

【原文】

9.8　子曰："吾有知乎哉？无知也。有鄙夫①问于我，空空如也，我叩其两端而竭焉②。"

【注释】

①鄙夫：地位低下的人。②叩其两端而竭焉：指孔子就"鄙夫"所问的问题，从首尾两头开始反过来叩问他，一步步问到穷竭处，问题就不解自明了。叩，叩问。两端，指鄙夫所问问题的首尾。竭，尽。

【题解】

孔子本人是十分诚实和谦虚的人，而本章所言还是孔子的自谦之辞。事实上，没有人可以精通世间的所有学问，人的精力毕竟是有限的。但是，孔子却有着一套分析问题、解决问题的基本方法，这就是"叩其两端而竭"，只要能够抓住问题的两端进行研究，就能找出解决问题的方法。这种方法，正是儒家中庸思想的体现，也是一种十分有意义的思想方法。

【译文】

孔子说:"我有知识吗?没有知识。有一个地位低下的人来问我,我对他谈的问题本来一点也不知道。我从他所提问题的正反两头去探求,尽了我的力量去帮助他。"

【原文】

9.9 子曰:"凤鸟①不至,河不出图②,吾已矣夫!"

【注释】

①凤鸟:传说中的一种神鸟。凤鸟出现就预示天下太平。②河图:传说圣人受命,黄河就出现祥瑞之图,即八卦图。《尚书·顾命》孔安国注:"河图,八卦。伏羲王天下,龙马出河,遂则其文以画八卦,谓之河图。"

【题解】

孔子为恢复礼制而辛苦奔波了一生,但是结果并未能如其所愿。到了晚年,当他看到自己恢复周礼的愿望只能化为泡影时,发出了天下非其时的哀叹。

【译文】

孔子说:"凤凰不飞来,黄河中也没有图画出现,我这一生实在是没办法了。"

【原文】

9.10 子见齐衰①者、冕衣②裳③者与瞽④者,见之,虽少,必作⑤;过之,必趋⑥。

【注释】

①齐衰(zī cuī):丧服,古时用麻布制成。②衣:上衣。③裳:下服。④瞽(gǔ):盲。⑤作:站起来,表示敬意。⑥趋:快步走,

亦表示敬意。

【题解】

孔子对于周礼十分熟悉，时时处处都以礼待人，他知道遇到什么人该行什么样的礼。对于尊贵者、家有丧事者和盲者，都会以礼待之。

孔子之所以这样做，并尽量身体力行，也是想使礼制的理想社会能够得以恢复。

【译文】

孔子见到穿丧服的人、穿戴着礼帽礼服的人和盲人时，哪怕他们很年轻，孔子也一定会站起身来，在经过这些人的身边时，他一定会恭敬地快步走过。

【原文】

9.11 颜渊喟然[1]叹曰："仰之弥[2]高，钻之弥坚。瞻之在前，忽焉在后。夫子循循然[3]善诱人，博我以文，约我以礼，欲罢不能。既竭吾才，如有所立卓尔[4]。虽欲从之，末[5]由也已。"

【注释】

[1]喟（kuì）然：叹气的样子。[2]弥：更加，越发。[3]循循然：有步骤地。[4]卓尔：高高直立的样子。尔，相当于"然"。[5]末：无。

【题解】

在本章中，颜渊对孔子学问道德的博大精深、仰高钻坚、难以捉摸进行了赞叹。这是颜渊极力推崇自己的老师，将孔子的学问与道德说成是永远学不完的。此外，他还总结出了孔子教育学生的方法，即"循循善诱"，这也成了后世为人师者所遵循的重要原则之一。

【译文】

颜渊感叹说:"我的老师啊,他的学问道德,抬头仰望,越望越觉得高;努力钻研,越钻研越深。看着好像在前面,忽然又像在后面了。老师善于有步骤地引导我们,用各种文献来丰富我们的知识,用礼来约束我们的行为,使我们想要停止学习都不可能。我已经用尽自己的才力,似乎有一个高高的东西立在我的前面。虽然我想要追随上去,却找不到可循的路径。"

【原文】

9.12 子疾病,子路使门人为臣①。病间②,曰:"久矣哉,由之行诈也!无臣而为有臣。吾谁欺?欺天乎?且予与其死于臣之手也,无宁死于二三子之手乎?且予纵不得大葬③,予死于道路乎?"

【注释】

①为臣:臣,指家臣,总管。孔子当时不是大夫,没有家臣,但子路叫孔子的学生充当孔子的家臣,准备由此人负责总管安葬孔子之事。②病间(jiàn):病情减轻。间,空隙,引申为有时间距离,再引申为疾病稍愈。③大葬:指大夫的隆重葬礼。

【题解】

儒家对于葬礼十分重视,尤其重视葬礼的等级规定。对于死去的人,要严格地按照周礼的有关规定加以埋葬。不同等级的人有不同的安葬仪式,违反了这种规定,就是大逆不道。孔子反对学生们按大夫之礼为他办理丧事,是为了恪守周礼的规定。

【译文】

孔子病重,子路让孔子的学生充当家臣准备料理丧事。后来,孔子的病好些了,知道了这事,说:"仲由做这种欺诈的事情很久啦！我没有家臣而冒充有家臣。我欺骗谁呢？欺骗上天吗？况且我与其死在家臣手中，不如死在你们这些学生手中啊！而且我纵使不按照大夫的葬礼来安葬，难道会死在路上吗？"

【原文】

9.13　子贡曰："有美玉于斯，韫椟①而藏诸？求善贾②而沽③诸？"子曰："沽之哉！沽之哉！我待贾者也。"

【注释】

①韫椟（yùn dú）：藏在柜子里。韫，藏。椟，木柜子。②贾（gǔ）：商人。③沽（gū）：卖。

【题解】

孔子一直主张好学、修身是为了用于社会，而本章也表明了他求仕的心情。"待贾而沽"说明了这样一个问题：孔子自称是"待贾者"。这是因为，他一方面四处游说，以宣扬礼治天下为己任，期待着各国统治者能够行仁道于天下；另一方面，则随时准备着走上治国之位，依靠政权的力量推行礼制。

【译文】

子贡说："这儿有一块美玉，是把它放在匣子里珍藏起来呢，还是找位识货的商人卖掉呢？"孔子说："卖掉它吧！卖掉它吧！我在等待识货的商人啊！"

【原文】

9.14　子欲居九夷①。或曰："陋，如之何？"子曰："君子居之，何陋之有？"

【注释】

①九夷：泛指东边的少数民族聚居地。

【题解】

孔子认为一个人有了良好的仁德修养,是不会畏惧外部艰苦的环境的,特别强调了人的主观作用。在我国古代,中原地区以外聚居的少数民族,都被称为夷人。当时的人们觉得这些地方闭塞落后,当地的人也愚昧不开化。孔子在回答别人的问题时说,只要有君子去这些地方住,传播文化知识,开化人们的愚昧,那么这些地方就不会闭塞落后了。

【译文】

孔子想到东边的少数民族地区去居住。有人说:"那地方太闭塞落后了,怎么能居住呢?"孔子说:"只要有君子住在那儿,怎么会鄙陋呢?"

【原文】

9.15 子曰:"吾自卫反鲁①,然后乐正,《雅》《颂》②各得其所。"

【注释】

①自卫反鲁:反,同"返"。孔子从卫国返回鲁国是在鲁哀公十一年冬。②《雅》《颂》:《诗经》中两类不同类别的诗的名称,同时也是两类不同的乐曲的名称。

【题解】

通过本章我们可以了解到,孔子曾对《诗经》进行过分类整理。

【译文】

孔子说:"我从卫国回到鲁国,才把音乐进行了整理,《雅》和《颂》都各有了适当的位置。"

【原文】

9.16 子曰:"出则事公卿,入则事父兄,丧事不敢不勉,不为酒困,何有于我哉?"

【题解】

"出则事公卿",是为国尽忠;"入则事父兄",是为长辈尽孝。忠与孝是孔子特别强调的两个道德规范。这是对所有人的要求,而孔子本人就是这方面的身体力行者。在这里,孔子谦说自己还要勉力做到这几点。

【译文】

孔子说:"出外便服侍公卿,入门便侍奉父兄;有丧事,不敢不勉力去办;不被酒所困扰,这些事我做到了哪些呢?"

【原文】

9.17 子在川上曰:"逝者如斯夫!不舍昼夜。"

【题解】

这也是《论语》中的名言。孔子面对奔涌不息的大河,发出了时不我待的感慨。

【译文】

孔子站在河边,说:"消逝的时光就像这河水一样呀,日夜不停地流去。"

【原文】

9.18 子曰:"吾未见好德如好色者也。"

【题解】

孔子的原意是说"好德"之难,难在自觉和有恒,并没有要借"好德"来"禁欲"的意思。

【译文】

孔子说:"我没有见过像好色那样好德的人。"

【原文】

9.19 子曰:"譬如为山,未成一篑①,止,吾止也。譬如平地,虽覆一篑,进,吾往也。"

【注释】

①篑(kuì):土筐。

【题解】

孔子在这里说的是在治学与修身及做事上,要有一股锲而不舍的韧劲,孔子在这里用堆土成山这一比喻,说明了功亏一篑和持之以恒的深刻道理,他鼓励自己和学生无论在做人和做事上,都应该是坚持不懈,高度自觉。这对于立志有所作为的人来说,永远都是十分重要的警句。

【译文】

孔子说:"好比堆土成山,只差一筐土就完成了,这时停下来,是我自己要停下来的。又好比填整土地,虽然只倒下一筐土,如果决心继续,我还是会干下去的。"

【原文】

9.20 子曰:"语①之而不惰者,其回也与②!"

【注释】

①语(yù):告诉。②与:同"欤"。

【题解】

颜回对老师的教导句句皆能领会,所以从无懈怠的感觉。

【译文】

孔子说:"听我说话而能始终不懈怠的,大概只有颜回吧!"

【原文】

9.21 子谓颜渊,曰:"惜乎!吾见其进也,未见其止也。"

【题解】

这是孔子用死去的学生颜渊的勤奋刻苦精神,来激励其他学生们好学上进。颜渊是一个十分执着、勤奋且刻苦的人,他在生活方面的要求很低,一心用在学问的增长和道德修养的日新方面,但他不幸过早死了。对于他的死,孔子自然十分惋惜和悲痛。他经常以颜渊为榜样提醒其他学生们。

【译文】

孔子谈到颜渊时,说:"可惜啊!我看到他不断地前进,没有看到他停止过。"

【原文】

9.22 子曰:"苗[1]而不秀[2]者有矣夫!秀而不实[3]者有矣夫!"

【注释】

①苗:庄稼出苗。②秀:吐穗开花。③实:结果实。

【题解】

本章孔子是借自然界庄稼的生长、开花到结果这一过程中,苗不开花、开了花不结实这一现象,比喻一个人建功立业之难。有的人很有天赋,但不能坚持到底,最终没有成就。在这里,孔子还是希望他的学生既能坚持勤奋学习,最终又能有所成就。

【译文】

孔子说:"庄稼有只长苗而不开花的吧!也有开了花却不结果实

的吧!"

【原文】

9.23 子曰:"后生可畏,焉知来者之不如今也?四十、五十而无闻焉,斯亦不足畏也已。"

【题解】

这是孔子勉励年轻人的名言。他从正反两个方面提醒年轻人要珍惜时光,努力进取。优势在年轻,但可惧的是很快会变老,常言说"青出于蓝而胜于蓝""长江后浪推前浪,一代更比一代强"。社会在发展,人类在进步,孔子的这种今胜于昔的思想是一贯的。

【译文】

孔子说:"年轻人是可敬畏的,怎么知道他们将来赶不上现在的人呢?一个人如果到了四五十岁的时候还没有什么名望,这样的人也就不值得敬畏了。"

【原文】

9.24 子曰:"法①语之言,能无从乎?改之为贵。巽②与之言,能无说乎?绎③之为贵。说而不绎,从而不改,吾未如之何也已矣。"

【注释】

①法:正道。②巽(xùn):恭也,即恭顺谦敬之言,意译为"温和委婉的表扬话"。③绎:抽出事物的条理,加以分析鉴别。

【题解】

孔子在这里告诫人们,对待批评要能听得进去,对待表扬要能自省,这才是正确的态度。这里讲的第一层是言行一致的问题。听从那些正确的话只是第一步,而真正需要的是依照正确的意见去改正自己的错误。第二层讲的是忠言逆耳,而顺耳之言也要仔细辨别是非真伪。孔子所讲的这两点对于我们今天还有极大的借鉴意义。

【译文】

孔子说:"合乎礼法原则的话,能够不听从吗?但只有按它来改正错误才是可贵的。恭顺赞许的话,听了能够不高兴吗?但只有分析鉴别以后才是可贵的。只顾高兴而不加以分析,表面听从而不加以改正,我也没有什么办法来对付这种人了。"

【原文】

9.25　子曰:"主忠信,毋友不如己者,过则勿惮改。"

【题解】

本章与《学而篇》第8章重复,讲的都是交友之道以及要有勇于改正错误的修养问题,故不再赘述。

【原文】

9.26　子曰:"三军①可夺帅也,匹夫②不可夺志也。"

【注释】

①三军:古代大国三军,每军一万二千五百人。②匹夫:一个男子汉,泛指普通老百姓。

【题解】

这是孔子流传千古的说明人格可贵的名言。意思是说,一个人的理想、志向和意志是极为可贵的,人格的崇高和意志的坚强都是做人的最高尊严,不容侵犯。我们说的"理想",在孔子时代称为"志",就是人的志向、志气。"匹夫不可夺志",反映出孔子对于"志"的高度重视,将它与三军之帅相比。对于一个人来讲,应有自己的志向和独立人格,应维护自己的尊严,不怕任何威胁利诱,始终坚持自己的"志向"。孔子的这一思想影响了中国人"人格"观念的形成。

【译文】

孔子说:"一国的军队,可以强行使它丧失主帅;一个男子汉,却不可以强迫夺去他的志向。"

【原文】

9.27 子曰:"衣敝缊袍①,与衣狐貉②者立,而不耻者,其由也与?'不忮不求,何用不臧③?'"子路终身诵之。子曰:"是道也,何足以臧?"

【注释】

①衣(yì):穿,当动词用。敝:破旧。缊(yùn)袍:用乱麻衬在里面的袍子。②狐貉:用狐和貉的皮做的裘皮衣服。③不忮(zhì)不求,何用不臧:见《诗经·邶风·雄雉》。忮,妒害。臧,善,好。

【题解】

这一章记述了孔子对他的弟子子路既表扬又提醒的两句话。他这是因材施教,希望子路不要满足于目前已经取得的成绩,因为仅是不贪求、不嫉妒是不够的,还应该有更高、更远的志向,成就一番大的德业。

【译文】

孔子说:"穿着破旧的絮棉袍子,与穿着狐貉裘皮衣服的人站在一起而不觉得羞耻的,大概只有仲由吧!《诗经》上说:'不嫉妒,不贪求,为什么不好呢?'"子路听了,从此常常念着这两句话。孔子又说:"仅仅这个样子,又怎么算得上好呢?"

【原文】

9.28 子曰:"岁寒,然后知松柏之后凋①也。"

【注释】

①凋:凋零。

【题解】

孔子的这句著名格言通过自然界令人感动的形象,揭示了人世间的哲理。孔子认为,人是有精神的。作为有远大志向的君子,他就像松柏那样,能够经受各种各样恶劣环境的考验。

【译文】

孔子说:"寒冷的季节到了,才知道松柏的叶子是最后凋零的。"

【原文】

9.29 子曰:"知①者不惑,仁者不忧,勇者不惧。"

【注释】

①知(zhì):通"智"。

【题解】

在儒家传统道德中,智、仁、勇是三个重要的范畴,是人们精神境界的不同体现,也是君子的基本品质。《礼记·中庸》说:"知、仁、勇,三者天下之达德也。"孔子希望自己的学生能具备这三种达德,成为有精神境界的真正君子。

【译文】

孔子说:"智慧的人不疑惑,仁德的人不忧愁,勇敢的人不畏惧。"

【原文】

9.30 子曰:"可与共学,未可与适道;可与适道,未可与立①;可与立,未可与权②。"

【注释】

①立：立于道而不变，即坚守道。②权：本义为秤锤，引申为权衡轻重，随机应变。

【题解】

孔子的话说明，立志于道的人应该坚持自新。人的能力发展不平衡，要能够通达应变，要寻求志同道合的人共同发展，在与人交往中能够通权达变是很高的境界。

【译文】

孔子说："可以和他一同学习的人，未必可以和他走共同的道路；可以和他走共同的道路的人，未必可以和他事事依礼而行；可以和他事事依礼而行的人，未必可以和他一起变通灵活地处事。"

【原文】

9.31 "唐棣之华，偏其反而。岂不尔思？室是远而①。"子曰："未之思也，夫何远之有？"

【注释】

①"唐棣之华"四句：这是逸诗。上两句用以起兴。唐棣，木名。华，同"花"。偏其反而，翩翩地摇摆。反，翻转摇摆。

【题解】

这里记录的是孔子对古代流传的几句逸诗的评论，只要坚持，目标就不远了。

【译文】

"唐棣树的花，翩翩地摇摆，难道不是在思念你吗？只是家住得太远了。"（对于这四句古诗）孔子说："那是没有真正思念啊，如果真的思念，有什么遥远的呢？"

乡党篇第十

【原文】

10.1 孔子于乡党①,恂恂如②也,似不能言者。其在宗庙朝廷,便便③言,唯谨尔。

【注释】

①乡党:古代地方组织的名称。五百家为党,一万二千五百家为乡。②恂(xún)恂:恭顺貌。如:相当于"然"。③便(pián)便:明白畅达。

【题解】

《乡党》篇是弟子们对孔子的日常言行做的记录。此章记载了孔子在不同场合的不同言谈举止,孔子因时因地制宜,但都能有礼而得体。

【译文】

孔子在本乡的地方上,非常恭顺,好像不太会说话的样子。他在宗庙里和朝廷上,说话明白而流畅,只是说得很谨慎。

【原文】

10.2 朝，与下大夫言，侃侃①如也；与上大夫言，訚訚②如也。君在，踧踖③如也，与与④如也。

【注释】

①侃侃：温和快乐。②訚（yín）訚：形容辩论时态度好，讲理而态度诚恳。③踧踖（cù jí）：恭敬而小心的样子。④与与：行步安详。

【题解】

本章描述了孔子在不同的场所、与不同的人谈话时，所表现出的不同的神态。在重要的国事场所要庄严、郑重，对不同的人都要尊重而又恰到好处。

【译文】

上朝的时候，（孔子）跟下大夫谈话，显得温和而快乐；跟上大夫谈话时，显得正直而恭敬。君主临朝时，他显得恭敬而不安，却又安详适度。

【原文】

10.3 君召使摈①，色勃如②也，足躩如③也。揖所与立④，左右手。衣前后，襜如⑤也，趋进⑥，翼如也。宾退，必复命曰："宾不顾矣。"

【注释】

①摈（bìn）：通"傧"，接待宾客。②勃如：显得庄重。③躩（jué）如：脚步快的样子。④所与立：同他一起站着的人。⑤襜（chān）：衣蔽前，即遮蔽前身的衣服。襜如，衣服摆动的样子。⑥趋进：快步向前。一种表示敬意的行为。

【题解】

本章描述了孔子奉君命接待外宾时,在外交场所表现出来的神态举止,不仅对人尊敬有加,还能保护好自己的尊严。

【译文】

鲁君召孔子去接待使臣宾客,他的面色庄重矜持,步伐轻快。向同他站在一起的人作揖,向左向右拱手,衣裳随之前后摆动,却显得整齐。快步向前时,好像鸟儿舒展开了翅膀。宾客告退了,他一定向君主回报说:"客人已经走远了。"

【原文】

10.4　入公门,鞠躬①如也,如不容。立不中门②,行不履阈③。过位,色勃如也,足躩如也,其言似不足者。摄齐④升堂,鞠躬如也,屏气⑤似不息者。出,降一等,逞颜色,怡怡如也。没阶,趋进,翼如也。复其位,踧踖如也。

【注释】

①鞠躬:此不作"曲身"讲,而是形容谨慎恭敬的样子。②中门:中于门,表示站在门的中间。"中"用作动词。③阈(yù):门限,即门槛。④摄齐(zī):提起衣裳的下摆。齐,衣裳的下摆。⑤屏(bǐng)气:憋住呼吸。

【题解】

本章内容描述的是孔子在朝廷上的言行举止,都是严守礼制,充满了庄重敬畏的情感态度。

【译文】

孔子走进宫廷的大门,显出小心谨慎的样子,好像没有容身之地。他不站在门的中间,进门时不踩门槛。经过国君的座位时,脸色变得庄重起来，脚步也快起来，说话的声音低微得像气力不足似的。他提起衣服的下摆走上堂去，显得小心谨慎，屏住气，好像不呼吸一样。走出来，下了一级台阶，面色舒展，怡然和乐。走完了台阶，快步向前，姿态好像鸟儿展翅一样。回到自己的位置时，又是恭敬而谨慎的样子。

【原文】

10.5　执圭①，鞠躬如也，如不胜。上如揖，下如授。勃如战色，足蹜蹜②，如有循。享礼③，有容色。私觌④，愉愉如也。

【注释】

①圭（guī）：一种玉器，上圆下方。举行典礼时，君臣都拿着。②蹜（sù）蹜：脚步细碎紧凑，宛如迈不开步一样。③享礼：使者向所访问的国家献礼物的礼节。④觌（dí）：会见。

【题解】

这一章记载了孔子在朝堂上的仪态举止。以上五章，集中记述了孔子在朝、在外事场所和在乡的言谈举止及音容笑貌，给人留下十分生动而深刻的印象。孔子在不同的场合，对待不同的人，容貌、神态、言行都有所不同，但是有一点是相同的，就是他一贯的庄重和敬畏之情。在家乡时，他谦逊、和蔼；在朝廷上，则态度庄敬而有威仪，不卑不亢，光明正大，在国君面前，温和恭顺，庄重严肃又诚惶诚恐。这些都为人们深入研究孔子提供了生动的第一手资料。

【译文】

（孔子出使到别的诸侯国，行聘问礼时）拿着圭，恭敬而谨慎，好像拿不动一般。向上举圭时好像在作揖，向下放圭好像在交给别人。神色庄重，战战兢兢；脚步紧凑，好像在沿着一条线行走。献礼物的时候，和颜悦色。私下里和外国君臣会见时，显得轻松愉快。

【原文】

10.6　君子不以绀緅饰①。红紫不以为亵服②。当暑，袗絺绤③，必表而出之。缁衣羔裘④，素衣麑⑤裘，黄衣狐裘。亵裘长。短右袂⑥。必有寝衣⑦，长一身有半。狐貉之厚以居⑧。去丧，无所不佩。非帷裳⑨，必杀⑩之。羔裘玄冠⑪不以吊。吉月⑫，必朝服而朝。

【注释】

①绀（gàn）：深青带红。緅（zōu）：黑中带红。饰：镶边，缘边。②亵（xiè）服：平时在家里穿的便服。③袗絺绤：袗（zhēn），单衣。（chī），细葛布。绤（xī），粗葛布。这里指穿粗的或细的葛布单衣。④缁：黑色。羔裘：羔羊皮袍。古人穿皮袍，毛向外，因此外面要用罩衣。古代的羔裘都是黑色的羊毛，因此要配上黑色罩衣，就是缁衣。⑤麑：小鹿，白色。⑥袂：衣袖。⑦寝衣：被。古代大被叫衾，小被叫被。⑧居：今字作"踞"。古人席地而坐，即蹲着坐。⑨帷裳：礼服，上朝或祭礼时穿，用整幅的布不加裁剪而成，上窄下宽，多余的布做成褶。⑩杀（shài）：减少，裁去。⑪玄冠：一种黑色礼帽。羔裘玄冠都是黑色的，古代用作吉服，故不能穿去吊丧。⑫吉月：正月初一。

【题解】

本章记述了孔子日常在各种场所的衣着服饰。这些反映了中国发达的服饰文化和丰富的着装礼仪。

【译文】

君子不用青中透红或黑中透红的布做镶边，红色和紫色不用来做平常家居的便服。

暑天，穿细葛布或粗葛布做的单衣，一定是套在外面。

黑色的衣服搭配黑色的羔羊皮袍，白色的衣服搭配白色的小鹿皮袍，黄色的衣服搭配黄色的狐皮袍。

居家穿的皮衣比较长，可是右边的袖子要短一些。

睡觉一定要有小被，长度是人身长的一倍半。

用厚厚的狐貉皮做坐垫。

服丧期满之后，任何饰物都可以佩带。

不是上朝和祭祀时穿的礼服，一定要经过裁剪。

羊羔皮衣和黑色礼帽都不能穿戴着去吊丧。

大年初一，一定要穿着上朝的礼服去朝贺。

【原文】

10.7 齐①，必有明衣②，布。齐必变食③，居必迁坐④。

【注释】

①齐（zhāi）：通"斋"，斋戒。②明衣：斋戒沐浴后换穿的干净内衣。③变食：改变日常饮食，不饮酒，不吃韭、葱、蒜等气味浓厚的蔬菜，不吃鱼肉。④迁坐：改变卧室。古人在斋戒以及生病时，住在"外寝"，而平常居住的卧室则叫"燕寝"，与妻室在一起。

【题解】

此章记述孔子斋戒前沐浴时的衣着和斋戒期间的生活，这些生活都保持了洁净、诚敬的精神。

【译文】

斋戒沐浴时，一定有浴衣，用麻布做的。斋戒时，一定改变平时的饮食，居住一定要改换卧室。

【原文】

10.8　食不厌精,脍①不厌细。

食饐而餲②,鱼馁而肉败③,不食。色恶,不食。臭④恶,不食。失饪⑤,不食。不时,不食。割不正,不食。不得其酱,不食。肉虽多,不使胜食气⑥。

惟酒无量,不及乱。沽酒市脯⑦,不食。不撤姜食,不多食。

祭于公,不宿肉⑧。祭肉不出三日。出三日,不食之矣。

食不语,寝不言。

虽疏食菜羹,瓜祭⑨,必齐如也。

【注释】

①脍(kuài):切过的鱼或肉。②饐(yì):食物经久发臭。餲(ài):食物经久变味。③馁(něi):鱼腐烂。败:肉腐烂。④臭:气味。⑤饪(rèn):煮熟。⑥气(xì):饭料,即主食。⑦脯(fǔ):肉干。⑧不宿肉:从公家分回的祭肉(胙),不要留着过夜。⑨瓜祭:古人在吃饭前,把席上各种食品分出少许,放在食具之间祭祖。

【题解】

本章孔子谈了他对饮食的思想。注重饮食卫生,处处遵守礼制,这都是孔子重养生的具体表现,表现了对人生的热爱,对健康的珍视。以上三章中,记述了孔子的衣着和饮食习惯。孔子处处坚持遵循"礼",这不仅表现在与国君和大夫们见面时的言谈举止和仪式,而且表现在衣着和饮食方面。他在祭祀时、服丧时和平时所穿的衣服都不相同,如单衣、罩衣、麻衣、皮袍、睡衣、浴衣、礼服、便服等,都有不同的礼制。在吃的方面,"食不厌精,脍不厌细",而且对于食物,有八种他不吃。凡是有害于健康的食物他都不吃,这是重养生的表现。而且,他在经历了颠沛流离的生活之后,依然能够活到七十三岁的高龄,足以证明他的养生之道是相当高明的。

【译文】

粮食不嫌舂得精,鱼和肉不嫌切得细。

粮食腐烂发臭,鱼和肉腐烂,都不吃。食物颜色难看,不吃。气味难闻,不吃。烹调不当,不吃。不到该吃饭时,不吃。切割方式不得当的食物,不吃。没有一定的酱醋调料,不吃。

席上的肉虽多,吃它不超过主食。

只有酒不限量,但不能喝到神志昏乱的地步。

买来的酒和肉干,不吃。

吃完了,姜不撤除,但吃得不多。

参加国家祭祀典礼,分到的祭肉(当天就食用)不放过夜。一般祭肉的留存不超过三天。超过了三天,就不吃了。

吃饭的时候不谈话,睡觉的时候不言语。

即使是粗米饭蔬菜汤,吃饭前也要先把它们取出一些来祭祀一番,而且祭祀要像斋戒时那样严肃恭敬。

【原文】

10.9 席①不正,不坐。

【注释】

①席:古代没有椅子和凳子,在地面上铺席子,坐在席子上。

【题解】

本章说明孔子在日常生活中都保持正大的气象,即便是小问题也不会忽视,做到恪守礼仪。

【译文】

座席摆放得不端正,不就座。

【原文】

10.10 乡人饮酒，杖者①出，斯出矣。

【注释】

①杖者：指老人。《礼记·王制》："六十杖于乡。"这里说的杖者当是六十岁以上的老人。

【题解】

本章记述了孔子的敬老之礼。

【译文】

行乡饮酒的礼仪结束后，要等老人们都出去了，孔子才出去。

【原文】

10.11 乡人傩①，朝服而立于阼阶②。

【注释】

①傩（nuó）：古代一种迎神以驱逐疫鬼的风俗。②阼（zuò）阶：东边的台阶，主人所站的迎送宾客的地方。

【题解】

本章记述的是孔子在傩祭时穿着朝服恭立，保持敬畏的态度。

【译文】

乡里人举行迎神驱疫的仪式时，孔子穿着朝服站在东边的台阶上。

【原文】

10.12 问人于他邦，再拜而送之。

【题解】

本章表明孔子在与外邦人士交往时十分注重礼节。

以上四章中，记载了孔子在各种不同场所的举止言谈和表现出来的礼节、习惯。

他时时处处以仁德君子的标准要求自己,坚持一切言行符合礼的规定。他的一投足、一举手都保持敬畏的态度和正大的气象,这既是孔子个人修养的具体表现,也是他向学生们传授知识和仁德时所身体力行的内容。

【译文】

托人向在其他诸侯国的朋友问候送礼,便向受托者拜两次送行。

【原文】

10.13 康子①馈药,拜而受之,曰:"丘未达②,不敢尝。"

【注释】

①康子:即季康子,姓季孙,名肥,鲁哀公时的正卿。②达:通,懂得,了解。

【题解】

此章说明孔子对服药之事历来都十分慎重。

【译文】

季康子馈赠药给孔子,孔子拜谢后接受了,却说道:"我对这种药的药性不了解,不敢尝用试服。"

【原文】

10.14 厩焚。子退朝,曰:"伤人乎?"不问马。

【题解】

这是一段著名的记载,反映了孔子重人轻物的仁爱精神。

孔子家里的马棚失火被烧掉了。当他听到这个消息后,首先问人有没有受伤。

这正像后世有人说的,儒家学说是"人学",他只问人,不问马,表明他重人不重财,这是中国古代人道主义思想的源头。

【译文】

(孔子家的)马厩失火了。孔子退朝回来,问:"伤到人了吗?"而不问马怎么样了。

【原文】

10.15　君赐食,必正席先尝之。君赐腥,必熟而荐①之。君赐生,必畜之。侍食于君,君祭,先饭②。疾,君视之,东首③,加朝服,拖绅④。君命召,不俟驾⑤行矣。

【注释】

①荐:供奉。②先饭:先吃饭,表示为君主尝食。③东首(shòu):头向东。④绅:束在腰间的大带。⑤俟驾:等待驾好车。

【题解】

孔子严守礼制。古时君主吃饭前,需要有人先尝一尝,君主才吃。孔子在与国君共餐时,都要主动先尝一下。

孔子即使有了疾病,在病榻上,也不会失礼。他在日常生活中的一言一行,都表现出了对礼制的遵守和敬畏。

【译文】

国君赐给食物,孔子一定会摆正席位先尝一尝。国君赐给生肉,他一定会煮熟了,先给祖先上供。国君赐给活物,他一定会养起来。陪侍国君吃饭,当国君进行饭前祭祀的时候,他先取国君面前的饭菜为他尝食。孔子病了,君主来探望,他便头朝东而卧,把上朝的拖着大带子的礼服盖在身上。君主下令召见孔子,他不等车马驾好就先步行过去了。

【原文】

10.16　入太庙,每事问。

【题解】

本章与《八佾篇》第 15 章重复，详解略去。

【原文】

10.17 朋友死，无所归，曰："于我殡①。"朋友之馈，虽车马，非祭肉，不拜。

【注释】

①殡：停放灵柩和埋葬都可以叫殡。这里泛指一切丧葬事务。

【题解】

本章记述了孔子对亡友的情谊和他见义勇为的人道主义精神。同时，也表明孔子重视的不是物品的本身，而是其礼制的象征意义。礼制是人的秩序，而物是为人服务的。孔子把祭肉看得比车马还重要，这是为什么呢？因为祭肉关系到"礼"的问题。用肉祭祀祖先之后，这块肉就成了完成礼制的一个载体。

【译文】

朋友死了，没有人负责收殓，孔子说："由我来料理丧事吧。"对于朋友的馈赠，即便是车和马，只要不是祭祀用的肉，孔子在接受时，也不行拜谢礼。

【原文】

10.18 寝不尸，居不容①。

【注释】

①居：家居。容：作动词，意为讲究容仪。《汉书·艺文志》："徐生善为容。"

【题解】

孔子是一个通达的人，在居家之时很自然地放松休息，与他外出或待客之时的恪守礼仪、恭谨持重并不一样。

【译文】

孔子睡觉时不像死尸一样直躺着，居家时也不太讲究仪容。

【原文】

10.19　见齐衰者，虽狎，必变。见冕者与瞽者，虽亵，必以貌。凶服者，式①之。式负版②者。有盛馔，必变色而作③。迅雷风烈，必变。

【注释】

①式：通"轼"，古代车前横木。用作动词，表示伏轼。②版：古代用木板刻写的国家图籍。③作：站起来。

【题解】

本章记述的事例说明，孔子是一个心智敏锐、富于同情心、对人都十分尊重、很懂礼貌的人。

【译文】

看见穿丧服的人，即使是关系亲密的，也一定会改变神色。看见戴着礼帽和瞎了眼睛的人，即使是很熟悉的，也一定表现得有礼貌。乘车时遇见穿丧服的人，便低头俯伏在车前的横木上表示同情。遇见背负着国家图籍的人，也同样俯身在车前的横木上表示敬意。有丰盛的肴馔，一定改变神色，站起来。遇到迅雷和大风时，一定改变神色。

【原文】

10.20　升车，必正立执绥①。车中，不内顾，不疾言，不亲指。

【注释】

①绥：上车时扶手用的索带。

【题解】

本章记述孔子在乘车时,也遵循礼仪。

以上这几章,讲的都是孔子如何遵从礼仪的。在日常的所有活动中,他都按礼行事,对不同的人、不同的事、不同的环境,他都自然而然地表露出应有的言行和表情,一切礼仪,他都一丝不苟,而这一切都出自于他内心的真诚。

【译文】

孔子上车时,一定站立端正,拉住扶手的带子登车。在车内,不向四面回顾,不快速说话,不用手指指画画。

【原文】

10.21 色斯举矣,翔而后集。曰:"山梁雌雉,时哉!时哉!"子路共①之。三嗅②而作。

【注释】

①共:此处通"拱"字。②嗅:当作"狊(jiù)",张开两翅的样子。

【题解】

本章孔子借自然现象抒发自己的感情,他一生东奔西走,却没有在当时获得普遍的响应。这里似乎是在游山观景,其实孔子是有感而发。他感到山谷里的野鸡能够自由飞翔,自由落下,这是"得其时",而自己却不得其时,孔子发出这样的感叹充满了诗意。

【译文】

(孔子在山谷中行走,看见几只野鸡。)神色一动,野鸡飞着盘旋了一阵后,又落在了一处。孔子说:"这些山梁上的母野鸡,得其时啊!得其时啊!"子路向它们拱拱手,野鸡振几下翅膀飞走了。

先进篇第十一

【原文】

11.1 子曰:"先进于礼乐,野人①也;后进于礼乐,君子②也。如用之,则吾从先进。"

【注释】

①野人:乡野平民或粗鲁的人。②君子:指卿大夫等当权的贵族。他们享有世袭特权,可以先做官,后学习。

【题解】

这一章,孔子谈的是用人要唯贤是举,其标准是贤,而不看他的出身。

【译文】

孔子说:"先学习了礼乐而后做官的,是原来没有爵禄的平民;先做了官而后学习礼乐的,是卿大夫的子弟。如果让我来选用人才,那么我赞成选用先学习礼乐的人。"

【原文】

11.2 子曰:"从我于陈、蔡①者,皆不及门②也。"

【注释】

①陈、蔡:春秋时的国名。孔子曾在陈、蔡之间遭受困厄。②不及门:有两种解释,一,指不及仕进之门,即不当官;二,指不在门,即不在孔子身边。

【题解】

颜回、子贡和子路等,都是孔子的得意门生,但此时都不在孔子身边。此章,孔子发出了深深的叹息,流露出他和弟子们的深厚感情。

【译文】

孔子说:"跟随我在陈国、蔡国之间遭受困厄的弟子们,现在都不在身边了。"

【原文】

11.3 德行:颜渊、闵子骞、冉伯牛、仲弓。言语:宰我、子贡。政事:冉有、季路。文学①:子游、子夏。

【注释】

①文学:文献知识,即文学、历史、哲学等方面的文献知识。这里文学的含义与今相异。

【题解】

孔子对自己弟子们的才能、特点了如指掌,并能因材施教。

【译文】

(孔子的弟子各有所长。)德行好的有:颜渊、闵子骞、冉伯牛、仲弓。娴于辞令的有:宰我、子贡。能办理政事的有:冉有、季路。熟悉古代文献的有:子游、子夏。

【原文】

11.4 子曰:"回也非助我①者也,于吾言无所不说②。"

【注释】

①助我：教学相长之意。②说：音 yuè，领会而满意之意。

【题解】

此章孔子对颜回能又快又深地领悟自己的言论表示了一定的遗憾和深深的赞许。

【译文】

孔子说："颜回不是对我有所助益的人，他对我说的话没有不喜欢的。"

【原文】

11.5　子曰："孝哉闵子骞！人不间①于其父母昆弟之言。"

【注释】

①间（jiàn）：空隙。用作动词，表示钻空子。不间：钻不到空子。

【题解】

此章孔子称赞了闵子骞的孝行，说明孝道有巨大的感召力，能够鼓舞人，从感情上深入人心。

【译文】

孔子说："闵子骞真是孝顺呀！人们对于其父母兄弟称赞他的话没有任何异议。"

【原文】

11.6　南容三复"白圭"①，孔子以其兄之子妻之②。

【注释】

①三复"白圭"：一天三次（或多次）反复读白圭的诗。《诗经·大雅·抑》有诗句："白圭之玷，尚可磨也；斯言之玷，不可为

也。"意思是白玉上面的污点,还可以把它磨掉,但说话不谨慎而出错,却是无法挽回的。南容三复白圭,目的是告诫自己说话要谨慎。②妻之:嫁给他为妻。

【题解】

从孔子嫁侄女这件事可以看出,孔子喜欢那些做事踏实、说话慎重的人。

【译文】

南容把"白圭之玷,尚可磨也;斯言之玷,不可为也"几句诗反复诵读,孔子便把自己哥哥的女儿嫁给了他。

【原文】

11.7　季康子问:"弟子孰为好学?"孔子对曰:"有颜回者好学,不幸短命死矣,今也则亡。"

【题解】

鲁哀公也问过同样的问题,那次孔子的回答更为详细具体。见《雍也》篇第3章。

【译文】

季康子问:"你的学生中哪个好学用功呢?"孔子回答说:"有个叫颜回的学生好学用功,不幸短命早逝了,现在没有这样的人了。"

【原文】

11.8　颜渊死,颜路①请子之车以为之椁②。子曰:"才不才,亦各言其子也。鲤③也死,有棺而无椁。吾不徒行④以为之椁。以吾从大夫之后⑤,不可徒行也。"

【注释】

①颜路:颜渊的父亲,也是孔子的学生,名无繇(yóu),字

路。②椁(guǒ)：古代棺材有的有两层：内层叫棺，外层叫椁。③鲤：即孔鲤，字伯鱼，孔子的儿子。④徒行：步行。⑤从大夫之后：跟随在大夫行列之后。孔子曾经做过鲁国的司寇，属于大夫的地位，不过此时已去位多年。

【题解】

这一章反映了孔子对礼一丝不苟的严肃态度，凡事都要合乎礼的规定。

【译文】

颜渊死了，他的父亲颜路请求孔子把车卖了给颜渊的棺材做一个外椁。孔子说："不管有才能还是没才能，说来也都是各自的儿子。我的儿子孔鲤死了，也只有棺，没有椁。我不能卖掉车子步行来给他置办椁。因为我曾经做过大夫，按照礼制，是不可以徒步出行的。"

【原文】

11.9　颜渊死，子曰："噫！天丧予①！天丧予！"

【注释】

①丧予：要我的命。

【题解】

孔子的感情比常人更为深厚，此章抒发了孔子对自己得意门生颜渊的挚爱和对其死亡的痛惜之情。

【译文】

颜渊死了，孔子说："唉！上天是要我的命呀！上天是要我的命呀！"

【原文】

11.10　颜渊死，子哭之恸①。从者曰："子恸矣！"曰："有恸乎？非夫②人之为恸而谁为！"

【注释】

①恸（tòng）：极度悲哀。②夫（fú）：指示代词，此处指颜渊。

【题解】

此章描写孔子对颜渊之死的沉痛哀悼，虽然悲痛伤身，他老人家也不顾了。

【译文】

颜渊死了，孔子哭得极其悲痛。跟着孔子的人说："您太过悲痛了！"孔子说："我悲痛太过了吗？不为这样的人悲痛还为谁悲痛呢？"

【原文】

11.11　颜渊死，门人欲厚葬之。子曰："不可。"门人厚葬之。子曰："回也视予犹父也，予不得视犹子也。非我也，夫①二三子也。"

【注释】

①夫（fú）：指示代词，那些。

【题解】

本章记述在厚葬颜渊的问题上，孔子一直主张依礼办事，这是因为孔子把个体情感与社会礼制分得很清楚。他反对任何越礼的行为，是对社会秩序和礼的坚守。

【译文】

颜渊死了，孔子的学生们想要厚葬他。孔子说："不可以。"但是学生们还是厚葬了他。孔子说："颜回把我当父亲一样看待，我却不能像对待儿子一样对待他。这不是我的意思呀，是那些学生们要这样办的。"

【原文】

11.12 季路问事鬼神。子曰:"未能事人,焉能事鬼?"曰:"敢①问死。"曰:"未知生,焉知死?"

【注释】

①敢:冒昧之词,用于表敬。

【题解】

这是孔子的一段极为有名的言论,揭示了孔子重视现实人生、注重"有益""有用"的理性的、实用的生活态度。

【译文】

季路问服侍鬼神的方法。孔子说:"人还不能服侍,怎么能去服侍鬼神呢?"季路又说:"冒昧地问一句,死是怎么回事呢?"孔子说:"对生都知道得不清楚,哪里能知道死呢?"

【原文】

11.13 闵子侍侧,訚訚如也;子路,行行①如也;冉有、子贡,侃侃如也。子乐。"若由也,不得其死然②"。

【注释】

①行(hàng)行:刚强的样子。②然:用法如"焉",可以译为"呢"。

【题解】

此章表现的是孔子对弟子们的仁爱之心,他能"得天下英才而教育之",是很快乐的。

【译文】

闵子骞侍立在孔子身边,样子正直而恭敬;子路是很刚强的样子;冉有、子贡的样子温和快乐。孔子很高兴,但他说:"像仲由这样，恐怕得不到善终。"

【原文】

11.14 鲁人为长府①。闵子骞曰："仍旧贯②，如之何？何必改作？"子曰："夫人不言，言必有中。"

【注释】

①鲁人：指鲁国的执政大臣。长府：鲁国贮藏财货的国库名。②仍：沿袭。贯：事。

【题解】

孔子认为，崇尚节俭、爱惜民力是施仁政的重要内容之一。

【译文】

鲁国人要翻修长府。闵子骞说："照老样子不好吗？何必一定要翻修呢？"孔子说："闵子骞这个人平常不大说话，但一开口必定中肯。"

【原文】

11.15 子曰："由之瑟，奚为于丘之门？"门人不敬子路。子曰："由也升堂矣，未入于室也①。"

【注释】

①升堂入室：堂是正厅，室是内室。先入门，次升堂，最后入室，比喻做学问由浅入深的程度。

【题解】

本章又一次记载了孔子对子路的评价，孔子对子路总是鼓励加提醒。"升堂入室"已经成为成语。

【译文】

孔子说："仲由弹瑟，为什么在我这里弹呢？"孔子的其他学生因此而不尊重子路。孔子说："仲由的学问啊，已经具备规模了，只是还不够精深罢了。"

【原文】

11.16 子贡问:"师与商也孰贤?"子曰:"师也过,商也不及。"曰:"然则师愈与?"子曰:"过犹不及。"

【题解】

"过犹不及"体现了儒家思想的一个重要原则,就是"中庸之道"。

【译文】

子贡问道:"颛孙师(即子张)与卜商(即子夏)谁超过谁?"孔子说:"颛孙师有些过分,卜商有些赶不上。"子贡说:"这么说,颛孙师更强一些吗?"孔子说:"过分与赶不上同样不好。"

【原文】

11.17 季氏富于周公①,而求也为之聚敛②而附益之。子曰:"非吾徒也,小子鸣鼓而攻之可也。"

【注释】

①周公:泛指周天子左右的卿士。②聚敛:积聚和收集钱财,即搜刮。

【题解】

本章记述了孔子批评冉求的话,说明即便是对自己的得意门生,只要他有违礼的行为,也毫不姑息。

【译文】

季氏比周公更富有,可是冉求还为他搜刮,为他增加更多的财富。孔子说:"冉求不配做我的学生,你们大家可以大张旗鼓地去攻击他。"

【原文】

11.18 柴①也愚,参也鲁②,师也辟③,由也喭④。

【注释】

①柴:高柴,字子羔,孔子的学生。②鲁:迟钝。③辟(pì):通"僻",偏激。④喭(àn):鲁莽,刚烈。

【题解】

此章孔子指出了四个得意门生在性格方面的特点,有的偏于志,有的偏于勇,但是都很让人喜欢。

【译文】

高柴愚笨,曾参迟钝,颛孙师偏激,仲由鲁莽。

【原文】

11.19 子曰:"回也其庶①乎,屡空②。赐不受命,而货殖③焉,亿④则屡中。"

【注释】

①庶:庶几,差不多。②屡空:盛食物的器皿常常空着,即贫困。③货殖:经营商业。④亿:通"臆",猜测,料事。

【题解】

此章表现了孔子安贫乐道的思想,但对当时被认作是末业的"商业"也不反对,对读书人经商致富有深刻的思考。

【译文】

孔子说:"颜回呀,他的道德修养已经差不多了,可是他常常很贫困。端木赐不听天由命,而去做生意,猜测市场行情往往很准。"

【原文】

11.20 子张问善人之道。子曰:"不践迹①,亦不入于室②。"

【注释】

①践迹：踩着前人的脚印走，即沿着老路走。②入于室：比喻学问和修养达到了精深的地步。

【题解】

孔子的学问和道德修养，是在继承优良传统的基础上取得的，他深信要跟着圣人的脚步走。

【译文】

子张问成为善人的途径，孔子说："不踩着前人的脚印，做学问也到不了家。"

【原文】

11.21　子曰："论笃是与①，君子者乎？色庄者乎？"

【注释】

①论笃是与：赞许笃实的言论。这是"与论笃"的倒装说法。"与"是动词，表示赞许的意思。"论笃"是提前的宾语。"是"用于动宾倒装，无义。

【题解】

本章孔子告诫弟子们说话要笃实，而且要言行一致。

【译文】

孔子说："说话稳重的人确实应该赞许，但要辨明这种人是真正的君子，还是仅仅在容貌上庄重。"

【原文】

11.22　子路问："闻斯行诸？"子曰："有父兄在，如之何其闻斯行之？"冉有问："闻斯行诸？"子曰："闻斯行之。"公西华曰："由也问'闻斯行诸'，子曰'有父兄在'；求也问'闻斯行诸',子曰'闻斯行之'。赤也惑,敢问。"子曰:"求也退①,故进之;由也兼人②,故退之。"

【注释】

①求也退:冉有性懦弱,遇事退缩不前。②由也兼人:子路好勇过人。

【题解】

这一章讲述了孔子的教育原则与方法,显示了孔子因材施教的仁爱和耐心。

【译文】

子路问:"凡事一听到就去干吗?"孔子说:"有爸爸、哥哥活着,怎么能听到就去干呢?"冉有问:"凡事一听到就去干吗?"孔子说:"当然一听到就要去干。"公西华说:"仲由问'凡事一听到就去干吗',您说'有爸爸、哥哥活着,怎么能听到就去干呢';冉求问'凡事一听到就去干吗',您说'当然一听到就要去干'。我有些糊涂了,斗胆想问问老师。"孔子说:"冉求平日做事退缩,所以我激励他;仲由好勇胜人,所以我要压压他。"

【原文】

11.23 子畏于匡①,颜渊后。子曰:"吾以女为死矣。"曰:"子在,回何敢死?"

【注释】

①畏于匡:见《子罕》篇第5章注①。

【题解】

这段对话反映了孔子与弟子患难与共的师生情怀。

【译文】

孔子被围困在匡地,颜渊后来赶来。孔子说:"我还以为你死了呢!"颜渊说:"您还活着,我怎么敢先死呢?"

【原文】

11.24 季子然问:"仲由、冉求可谓大臣与?"子曰:"吾以子为异之问,曾由与求之问。所谓大臣者,以道事君,不可则止。今由与求也,可谓具臣①矣。"曰:"然则从之者与?"子曰:"弑父与君,亦不从也。"

【注释】

①具臣:备位充数的臣属。《史记·仲尼弟子列传》集解引孔安国的话说:"言备臣数而已。"朱熹注同。

【题解】

本章中孔子强调对待君臣关系要以道和礼为准绳和行动原则。

【译文】

季子然问:"仲由和冉求是否能称得上大臣呢?"孔子说:"我以为你要问别的事,哪知道竟是问仲由和冉求呀。我们所说的大臣,应该以合于仁道的方式去侍奉君主,如果行不通,便宁可不干。现在仲由和冉求这两个人呀,只能算得上备位充数的臣子罢了。"季子然又问:"那么,他们肯听话吗?"孔子说:"那要看是什么话了,如果是杀父亲杀君主的话,他们也是不会听从的。"

【原文】

11.25 子路使子羔为费宰。子曰:"贼夫①人之子。"子路曰:"有民人焉,有社稷②焉。何必读书,然后为学?"子曰:"是故恶夫佞者。"

【注释】

①贼:害。夫(fú):那。子羔没有完成学业就去做官,孔子认

为这是误人子弟的行为。②社稷：古代帝王、诸侯所祭的土神和谷神，沿用为国家的代称。

【题解】

孔子主张"学而优则仕"，而反对在仕中学、学中仕，这样会误事误人。

【译文】

子路叫子羔去做费地的长官。孔子说："这是祸害子羔的做法。"子路说："有百姓，有土地五谷，难道只有读书才算学习？"孔子说："所以我最讨厌那种油嘴滑舌的人。"

【原文】

11.26 子路、曾皙①、冉有、公西华侍坐。子曰："以吾一日长乎尔②，毋吾以也。居③则曰：'不吾知也！'如或知尔，则何以哉？"

子路率尔④而对曰："千乘之国，摄⑤乎大国之间，加之以师旅，因之以饥馑⑥；由也为之，比及⑦三年，可使有勇，且知方⑧也。"夫子哂⑨之。

"求！尔何如？"对曰："方六七十，如⑩五六十，求也为之，比及三年，可使足民。如其礼乐，以俟君子。"

"赤！尔何如？"对曰："非曰能之，愿学焉。宗庙之事，如会同，端⑪章甫⑫，愿为小相⑬焉。"

"点！尔何如？"鼓瑟希⑭，铿尔，舍瑟而作⑮。对曰："异乎⑯三子者之撰⑰。"子曰："何伤乎？亦各言其志也。"曰："莫春⑱者，春服既成。冠者五六人，童子六七人，浴乎沂⑲，风⑳乎舞雩㉑，咏而归。"夫子喟然㉒叹曰："吾与㉓点也！"

三子者出，曾皙后。曾皙曰："夫三子者之言何如？"子曰:"亦各言其志也已矣。"曰:"夫子何哂由也?"曰:"为国以礼,其言不让,是故哂之。""唯㉔求则非邦也与?""安见方六七十如五六十而非邦也者?""唯赤则非邦也与?""宗庙会同,非诸侯而何?赤也为之㉕小,孰能为之大?"

【注释】

①曾皙:名点,字子皙,曾参的父亲,也是孔子的学生。②以:认为。尔:你们。③居:平日。④率尔:轻率,急切。⑤摄:迫近。⑥因:仍,继。饥馑(jǐn):饥荒。⑦比及:等到。⑧方:方向,指道义。⑨哂(shěn):讥讽的微笑。⑩如:或者。⑪端:玄端,古代礼服的名称。⑫章甫:古代礼帽的名称。⑬相(xiàng):傧相,祭祀和会盟时主持赞礼和司仪的官。相有卿、大夫、士三级,小相是最低的士这一级。⑭希:同"稀",指弹瑟的速度放慢,节奏逐渐稀疏。⑮作:站起来。⑯异乎:不同于。⑰撰:具,述。⑱莫(mù)春:夏历三月。莫,同"暮"。⑲沂(yí):水名,发源于山东南部,流经江苏北部入海。⑳风:迎风纳凉。㉑舞雩(yú):地名,原是祭天求雨的地方,在今山东曲阜。㉒喟(kuì)然:长叹的样子。㉓与:赞许,同意。㉔唯:语首词,没有什么意义。㉕之:相当于"其"。

【题解】

这一段师生对话非常有名也非常重要,一向为人们所注意。对答之间,师生各自陈述其政治理想和志向,如沐春风,洋溢着愉快、热烈、平等而亲切的民主气氛。

【译文】

子路、曾皙、冉有、公西华四人陪同孔子坐着。孔子说:"因为我比你们年龄都大,你们就不敢在我面前尽情说出自己的志愿,不要有这种想法。你们平时总爱说没有人了解自己的才能，如果真的有人了解你们的才能，你们准备怎样做呢？"

子路急忙答道："如果有一个千乘之国，夹在几个大国之间，国外有军队侵犯它，国内又连年灾荒，如果我去治理它，只要三年，就可以使那里人人有勇气、个个懂道义。"孔子听了，冲他笑了笑。

孔子又问："冉求，你怎么样？"冉求回答说："方圆六七十里或五六十里的小国家，要是让我治理，三年之内，可以使人民富足。至于礼乐方面，只有等待贤人君子来施行了。"

孔子又问："公西赤，你怎么样？"公西赤回答说："我不敢说我多有能力，但我愿意在以下这方面学习：宗庙祭祀或者同外国会盟，我愿意穿着礼服，戴着礼帽，做一个小傧相。"

孔子接着问："曾点！你怎么样？"曾点正在弹瑟，听到夫子问话，他弹瑟的节奏逐渐稀疏，"铿"的一声他放下瑟站起来，回答道："我和他们三位的志向都不一样。"孔子说："那有什么关系呢？这不过是各人谈谈志愿罢了。"曾点说："暮春三月的时候，人们都换上了春装，我和五六个成年人，还有六七个小童子一起，在沂水岸边洗洗澡，在舞雩台上吹风纳凉，唱着歌儿走回来。"孔子长叹一声说："我很赞赏你的主张。"

子路、冉有、公西华三个人都出来了，曾晳故意落在后面，问孔子："他们三位同学的话怎么样？"孔子说："也不过各人谈谈自己的志愿罢了。"曾晳说："您为什么冲仲由冷笑呢？"孔子说："治理国家应该注意礼仪，他的话一点也不谦逊，所以笑他。"曾晳又问："难道冉求所讲的不是国家大事吗？"孔子说："怎么见得方圆六七十里或五六十里就算不上一个国家呢？"曾晳再问："公西赤讲的就不是国家大事吗？"孔子说："有宗庙、有国家之间的会盟，不是国家是什么？要是公西华只能做小傧相，谁能做大傧相呢？"

颜渊篇第十二

【原文】

12.1 颜渊问仁。子曰:"克己复礼①为仁。一日克己复礼,天下归仁焉。为仁由己,而由人乎哉?"

颜渊曰:"请问其目。"子曰:"非礼勿视,非礼勿听,非礼勿言,非礼勿动。"

颜渊曰:"回虽不敏,请事斯语矣。"

【注释】

①克己复礼:克制自己,使自己的行为回归到礼的方面去,即合于礼。复礼,归于礼。

【题解】

这段话是孔子的著名言论,"克己复礼"是《论语》的核心内容。

在这里孔子阐释了"仁"与"礼"的关系,仁是内在的核心,礼是外在的表现形式。

【译文】

颜渊问什么是仁。孔子说:"克制自己,使自己的言语和行动都回归到礼上来,这就是仁。一旦做到了这些,天下的人都会称许你有仁德。实行仁德要靠自己,怎么能靠别人呢?"

颜渊说:"请问实行仁德的具体途径。"孔子说:"不合礼的事不看,不合礼的事不听,不合礼的事不说,不合礼的事不做。"

颜渊说:"我虽然不聪敏,请让我照这些话去做。"

【原文】

12.2　仲弓问仁。子曰:"出门如见大宾,使民如承大祭。己所不欲,勿施于人。在邦①无怨,在家②无怨。"

仲弓曰:"雍虽不敏,请事斯语矣。"

【注释】

①邦:诸侯统治的国家。②家:卿大夫的封地。

【题解】

此章孔子阐述了为政者如何实践仁的思想,说出了做人的最高境界:"己所不欲,勿施于人。"

【译文】

仲弓问什么是仁。孔子说:"出门好像要去见贵宾,役使民众好像去承担重大祀典。自己不想干的事情,就不要强加给别人。在邦国做事没有抱怨,在卿大夫的封地做事也无抱怨。"

仲弓说:"我虽然不聪敏,请让我照这些话去做。"

【原文】

12.3　司马牛问仁。子曰:"仁者其言也讱①。"曰:"其言也讱,斯谓之仁已乎?"子曰:"为之难,言之得无讱乎?"

【注释】

①讱（rèn）：说话谨慎，不轻易出口。

【题解】

孔子因材施教，因为司马牛多言而躁，所以孔子告诉他说话要谨慎，强调言行一致的重要性。

【译文】

司马牛问什么是仁。孔子说："深谙仁道的人，他言语往往非常谨慎。"

司马牛说："言语谨慎，这就可以称作仁了吗？"

孔子说："做起来难，说起来能不谨慎一些吗？"

【原文】

12.4　司马牛问君子，子曰："君子不忧不惧。"曰："不忧不惧，斯谓之君子已乎？"子曰："内省不疚①，夫何忧何惧？"

【注释】

①疚：内心痛苦，惭愧。

【题解】

孔子对弟子们的教育都带有很强的针对性。因为司马牛正直善言而性情急躁，所以在这里，孔子耐心地引导他加强个人修养，使自己心胸开阔、坦然无畏。

【译文】

司马牛问怎样才是君子。孔子说："君子不忧愁，不恐惧。"司马牛说："不忧愁，不恐惧，这就叫君子了吗？"孔子说："反省自身，没有发现让自己内疚的事情，那还有什么忧虑和恐惧的呢？"

【原文】

12.5 司马牛忧曰:"人皆有兄弟,我独亡。"子夏曰:"商闻之矣:'死生有命,富贵在天。'君子敬而无失,与人恭而有礼,四海之内,皆兄弟也。君子何患乎无兄弟也?"

【题解】

这是《论语》中的一段名言,其中"死生有命,富贵在天""四海之内皆兄弟"等长期为后世所使用。

【译文】

司马牛忧愁地说:"别人都有兄弟,唯独我没有。"子夏说:"我听说过:'死生由命运决定,富贵在于上天的安排。'君子认真谨慎地做事,不出差错,对人恭敬而有礼貌,四海之内的人,就都是兄弟,君子何必担忧没有兄弟呢?"

【原文】

12.6 子张问明。子曰:"浸润之谮[①],肤受之愬[②],不行焉,可谓明也已矣。浸润之谮,肤受之愬,不行焉,可谓远也已矣。"

【注释】

①浸润之谮(zèn):像水浸润物件一样逐渐传播的谗言。谮,诬陷。②肤受之愬(sù):像皮肤感受到疼痛一样的诬告,即诽谤。愬,同"诉"。

【题解】

本章孔子论述的是明智的问题,它对于执政者而言,可谓至关重要。

【译文】

子张问什么是见事明白。孔子说:"逐渐渗透的谗言,切身感受的诽谤，在你这里都行不通，那你就可以称得上见事明白了。逐渐渗透的谗言，切身感受的诽谤，在你这里都行不通，可以说是有远见了。"

【原文】

12.7　子贡问政。子曰："足食，足兵①，民信之矣。"子贡曰："必不得已而去，于斯三者何先？"曰："去兵。"子贡曰："必不得已而去，于斯二者何先？"曰："去食。自古皆有死，民无信不立。"

【注释】

①兵：武器，指军备。

【题解】

此章孔子阐述了自己"以仁德治国"的见解。他认为管理一个国家，首先是人民的吃饭问题，然后是保卫国家，但更重要的是取得人民的信任，只有取得了人民的信任，才能全国上下同心协力。

【译文】

子贡问怎样治理政事。孔子说："粮食充足，军备充足，民众信任朝廷。"子贡说："如果迫不得已要去掉一项，三项中先去掉哪一项呢？"孔子说："去掉军备。"子贡说："如果迫不得已，要在剩下的两项中去掉一项，先去掉哪一项呢？"孔子说："去掉粮食。自古以来，人都是要死的，如果没有民众的信任，那么国家就站立不住了。"

【原文】

12.8　棘子成①曰："君子质②而已矣，何以文③为？"子贡曰："惜乎，夫子之说④君子也！驷不及舌⑤。文犹质也，质犹文也。虎豹之鞟⑥犹犬羊之鞟。"

【注释】

①棘子成：卫国大夫。②质：质地，指思想品德。③文：文采，

指礼节仪式。④夫子:古代大夫尊称夫子,故子贡以此称之。说:谈论。⑤驷(sì)不及舌:话一出口,四匹马拉的车也追不回来。⑥鞟(kuò):去毛的兽皮。

【题解】

　　这里是讲表里一致的问题。棘子成认为作为君子只要有好的品质就可以了,不须外表的文采。但子贡反对这种说法。他的意思是,良好的本质应当有适当的表现形式,否则,本质再好也无法显现出来。子贡的这一思想源于孔子。

【译文】

　　棘子成说:"君子有好的本质就行了,要文采做什么呢?"子贡说:"可惜呀!夫子您这样谈论君子。您这句话一说出口,四匹马拉的车也追不回了。文采如同本质,本质也如同文采,二者是同等重要的。去掉了毛的虎、豹皮,就如同去掉了毛的犬、羊皮一样,是没有多大的区别的。"

【原文】

　　12.9　哀公问于有若曰:"年饥,用不足,如之何?"有若对曰:"盍彻①乎?"曰:"二,吾犹不足,如之何其彻也?"对曰:"百姓足,君孰与②不足?百姓不足,君孰与足?"

【注释】

　　①盍(hé),何不。彻,西周奴隶制国家的一种田税制度。旧注曰:"什一而税谓之彻。"②孰与:与谁,同谁。

【题解】

　　本章记述了哀公和有若的对话,有若是孔子的得意弟子,很善于领会、发挥孔子的思想。这段话明确地把百姓放在与君主同等重要的位置上,体现了孔子"仁政"的理想。

【译文】

鲁哀公问有若:"年成歉收,国家用度不足,怎么办呢?"有若回答说:"何不实行十分抽一的税制呢?"哀公说:"十分抽二,我尚且不够用,怎么能实行十分抽一的税制呢?"有若回答说:"如果百姓用度足,国君怎么会用度不足呢?如果百姓用度不足,国君用度怎么能足呢?"

【原文】

12.10 子张问崇德、辨惑。子曰:"主忠信,徙义,崇德也。爱之欲其生,恶之欲其死;既欲其生,又欲其死,是惑也。'诚不以富,亦祇以异①'。"

【注释】

①诚不以富,亦祇以异:见《诗经·小雅·我行其野》。这两句诗引在这里颇觉费解。今按朱熹《四书集注》的解释译出。

【题解】

此章孔子主要谈了个人的道德修养应该以忠信为基础、个人好恶在辨别是非方面容易使自己陷入迷惑这两个问题。

【译文】

子张向孔子请教怎样提高品德修养、分辨迷惑的问题。孔子说:"以忠厚诚实为主,行为总是遵循道义,这就可以提高品德。对于同一个人,喜爱他的时候希望他长久地活下去;厌恶他的时候,又希望他死去。既要他长寿,又要他短命,这就产生迷惑了。'这样对自己实在是没有益处,也只能使人感到奇怪罢了'。"

【原文】

12.11 齐景公问政于孔子。孔子对曰:"君君,臣臣,父父，子子。"公曰："善哉！信如君不君，臣不臣，父不父，子不子，虽有粟，吾得而食诸？"

【题解】

此章阐述了孔子理想中的社会礼法制度，摆正人与人之间的名分关系，这对维护社会秩序很重要。

【译文】

齐景公向孔子询问处理政务的事。孔子回答说："国君要像国君，臣子要像臣子，父亲要像父亲，儿子要像儿子。"景公说："妙极了！如果真的国君不像国君，臣子不像臣子，父亲不像父亲，儿子不像儿子，即使有粮食，我能够吃得着吗？"

【原文】

12.12 子曰："片言可以折狱①者，其由也与？"子路无宿诺②。

【注释】

①折狱：狱，案件，即断案。②宿诺：宿，久。拖了很久而没有兑现的诺言。

【题解】

仲由凭"片言"就可以"折狱"，不但说明他在刑狱方面卓有才干，更重要的是说明了他信誉卓著。

【译文】

孔子说："根据单方面的供词就可以判决诉讼案件的，大概只有仲由吧？"子路没有说话不算数的时候。

【原文】

12.13 子曰："听讼，吾犹人也。必也使无讼乎！"

【题解】

此章表明了孔子一贯主张的德治、礼治的政治思想。

【译文】

孔子说:"审理诉讼案件,我同别人一样,没有什么高明之处。如果非要说我有什么不同的话,那就是我追求的是使诉讼案件根本不发生!"

【原文】

12.14　子张问政。子曰:"居之无倦,行之以忠。"

【题解】

同上章一样,此章谈论的也是从政为官要忠诚和勤谨的问题。

【译文】

子张问怎样治理政事,孔子说:"居于官位不懈怠,执行君主的命令要忠实。"

【原文】

12.15　子曰:"博学于文,约之以礼,亦可以弗畔矣夫!"

【题解】

此章与《雍也》篇第27章重复,故译文略。

【原文】

12.16　子曰:"君子成人之美,不成人之恶。小人反是。"

【题解】

这是孔子的一段名言,说明一个有道德的君子是有仁爱之心的,所以愿意看到人家好;而缺德的人总愿意别人不如自己,在对人的态度上是完全不同的。

【译文】

孔子说:"君子成全别人的好事,而不促成别人的坏事。小人则与此相反。"

【原文】

12.17 季康子问政于孔子。孔子对曰:"政者,正也。子帅①以正,孰敢不正?"

【注释】

①帅:通"率",率领。

【题解】

通过这段话可以看出,孔子十分注重为政者的模范带头作用,榜样的力量是无穷的。

【译文】

季康子向孔子问为政方面的事,孔子回答说:"政的意思就是端正,您自己先做到端正,谁还敢不端正?"

【原文】

12.18 季康子患盗,问于孔子。孔子对曰:"苟子之不欲,虽赏之不窃。"

【题解】

此章孔子谈论的仍是为政为官之道在于自己要无欲则刚,自己清廉才能正人。

【译文】

季康子因为盗窃事件多发而苦恼,前来向孔子求教。孔子对他说:"如果您不贪求太多的财物,即使奖励他们去偷,他们也不会干的。"

【原文】

12.19 季康子问政于孔子曰:"如杀无道,以就有道,何如?"孔子对曰:"子为政,焉用杀?子欲善而民善矣。君子之德风,小人之德草。草上之风①,必偃②。"

【注释】

①草上之风:谓风吹草。上,一作尚,加也。上之风谓上之以风,即加之以风。②偃:倒下。

【题解】

上行下效,为政者的作风对社会风气影响很大,所以为政者要时刻注意自己的所作所为,给百姓以良好的影响。

【译文】

季康子向孔子问政事,他说:"假如杀掉坏人,以此来亲近好人,怎么样?"孔子说:"您治理国家,怎么会想到用杀戮的方法呢?您要是以善行治国,百姓自然也会向善。君子的品德如风,小人的品德如草。草上刮起风,草一定会倒的。"

【原文】

12.20 子张问:"士何如斯可谓之达①矣?"子曰:"何哉,尔所谓达者?"子张对曰:"在邦必闻,在家必闻。"子曰:"是闻也,非达也。夫达也者,质直而好义,察言而观色,虑以下人②。在邦必达,在家必达。夫闻也者,色取仁而行违,居之不疑。在邦必闻,在家必闻。"

【注释】

①达:通达。②下人:下于人,即对人谦逊。

【题解】

此章讲的是一个人在社会上的影响是和他的品德方面名实相符的,要做到表里如一。

【译文】

子张问道:"读书人要怎么样才可说是通达了?"孔子说:"你所说的通达是什么呢?"子张回答说:"在诸侯的国家为官一定有名声,在大夫的封地为官一定有名声。"孔子说:"这是有名声,不是通达。通达的人,本质正直而喜爱道义,体会别人的话语,观察别人的脸色,思想上愿意对别人谦让。这样的人在诸侯的国家为官一定通达,在大夫的封地为官一定通达。有名声的人,表面上仁德而行动上却相反,其以仁人自居而毫不感到不妥当。他们在诸侯的国家为官一定是虚有其名,在大夫的封地为官也一定是虚有其名。"

【原文】

12.21 樊迟从游于舞雩之下,曰:"敢问崇德、修慝①、辨惑。"子曰:"善哉问!先事后得,非崇德与?攻其恶,无攻人之恶,非修慝与?一朝之忿,忘其身以及其亲,非惑与?"

【注释】

①修慝(tè):改恶从善。修,治,指改正。慝,邪恶。

【题解】

樊迟提出的三个问题都是关于个人思想品德修养和社会实践及影响的。

【译文】

樊迟跟随孔子在舞雩台下游览,说道:"请问如何提高自己的品德修养,消除邪恶,辨别迷惑。"孔子说:"问得好啊!辛劳在先,享乐在后，这不就可以提高自己的品德修养了吗？检查自身的错误，而不去指责别人的缺点，这不就消除潜在的怨恨了吗？因为一时气愤而冲动行事，不顾及自身和双亲的安危，这不就是迷惑吗？"

【原文】

12.22　樊迟问仁。子曰："爱人。"问知。子曰："知人。"樊迟未达。子曰："举直错诸枉①，能使枉者直。"樊迟退，见子夏，曰："乡也吾见于②夫子而问'知'，子曰：'举直错诸枉，能使枉者直'，何谓也？"子夏曰："富哉言乎！舜有天下，选于众，举皋陶③，不仁者远矣。汤有天下，选于众，举伊尹④，不仁者远矣。"

【注释】

①举直错诸枉：把正直的人摆在邪恶的人的上面，即选用贤人，罢黜坏人。错，通"措"，安置。②乡（xiàng）：同"向"，过去。见（xiàn）于：被接见。③皋陶（gāo yáo）：舜时的贤臣。④伊尹：商汤时辅相。

【题解】

仁是孔子伦理思想的核心，包含了"爱人"和"知人"两部分内容。前者具有人道主义色彩，后者则是古代人文精神的体现。

【译文】

樊迟问什么是仁，孔子说："仁就是爱人。"樊迟又问什么是智，孔子说："智就是善于知人。"樊迟没有完全理解孔子的话。孔子说："把正直的人提拔上来，使他们的位置在不正直的人上面，就能使不正直的人变正直。"樊迟退了出来，见到子夏，说："刚才我去见老师，问他什么是智，他说：'把正直的人提拔上来，使他们的位置在不正直的人上面，就能使不正直的人变正直。'这是什么意思？"子夏说道:"这是含义多么丰富的话呀!舜有了天下,在众人中选拔人才,把皋陶提拔了起来,不仁的人就远远地离开了。汤得了天下,也从众人中选拔人才,把伊尹提拔起来,那些不仁的人就远远离开了。"

【原文】

12.23 子贡问友。子曰:"忠告而善道①之,不可则止,毋自辱焉。"

【注释】

①道:通"导"。

【题解】

此章孔子谈的是交友之道。

【译文】

子贡问和朋友的相处之道。孔子说:"朋友若有过错,就忠心地劝告他并好好地开导他,如果他不听从就罢了,不要自取侮辱。"

【原文】

12.24 曾子曰:"君子以文会友,以友辅仁。"

【题解】

此章讲的也是交友之道。以文会友被认为是君子所为。

【译文】

曾子说:"君子用文章学问来结交、聚合朋友,用朋友来帮助自己培养仁德。"

子路篇第十三

【原文】

13.1 子路问政。子曰:"先之,劳之①。"请益。曰:"无倦②。"

【注释】

①之:指百姓而言,此章谈的是政治,亦即治理百姓。②无倦:古本"无"作"毋",即不要懈怠。

【题解】

这一章文字非常简单,谈的主要是执政者的道德修养问题。子路问从政之道,孔子简短地告诉他两个观念:一个是"先",一个是"劳"。具备这两个观念,再加上积极进取的精神,才可以从政。

【译文】

子路问为政之道。孔子说:"自己先要身体力行带好头,然后大家一起辛勤劳作。"子路请求多讲一些,孔子说:"不要懈怠。"

【原文】

13.2 仲弓为季氏宰,问政。子曰:"先有司①,赦小过,举贤才。"曰:"焉知贤才而举之?"子曰:"举尔所知。尔所不知,人其舍诸②?"

【注释】

①先有司:先任有司者治其事。②人其舍诸:别人难道会舍弃他们吗?

【题解】

为政在人,为政者不仅要为下面的人做表率,对下属的小过失不要计较,要抓大放小,更重要的是要善于举贤,从近处做起,从自己做起。这些都是孔子的为政之道。

【译文】

仲弓做了季氏的管家,问孔子如何处理政事。孔子说:"先责成各级官员各司其职,不计别人的小过错,提拔优秀人才。"仲弓说:"那怎样才能知道谁是优秀人才,从而提拔他呢?"孔子说:"提拔你所知道的贤才。你不知道的,难道别人就会不举荐他们吗?"

【原文】

13.3 子路曰:"卫君①待子而为政,子将奚先?"子曰:"必也正名乎!"子路曰:"有是哉,子之迂也!奚其正?"子曰:"野哉,由也!君子于其所不知,盖阙②如也。名不正,则言不顺;言不顺,则事不成;事不成,则礼乐不兴;礼乐不兴,则刑罚不中③;刑罚不中,则民无所措手足。故君子名之必可言也,言之必可行也。君子于其言,无所苟④而已矣。"

【注释】

①卫君:卫出公,名辄。②阙:通"缺"。缺而不言,存疑的意思。③中(zhòng):得当。④苟:随便,马虎。

【题解】

这是孔子关于治国与修身的著名论述,其中"名不正,则言不顺"一句常被人们引用。正名,就是不管做什么事情,治理国家也好,经营事业也好,光明正大的理念要讲清楚,这是孔子的一个基本的政治观点。

【译文】

子路说:"卫国国君等您去治理国家,您先做哪件事?"孔子说:"那一定是订正各种名分了。"子路说:"真是这样吗?您太迂腐了,为什么去订正名分呢?"孔子说:"你可真粗鲁呀,子路!君子对于自己所不知道的事情,就应该保持沉默。如果名不正,说话就不顺理成章;说话不顺理成章,就做不成事情;做不成事情,礼乐就复兴不起来;礼乐不复兴,刑罚就会不恰当;刑罚不恰当,老百姓就不知道应该如何行动。所以,君子订正了名分就一定能够说话,说的话就一定能够执行。君子对于自己所说的话,不能有一点随便马虎。"

【原文】

13.4 樊迟请学稼,子曰:"吾不如老农。"请学为圃。曰:"吾不如老圃。"

樊迟出。子曰:"小人①哉,樊须也!上好礼,则民莫敢不敬;上好义,则民莫敢不服;上好信,则民莫敢不用情。夫如是,则四方之民襁②负其子而至矣,焉用稼?"

【注释】

①小人:一般人,没有特别志向者。②襁(qiǎng):背负小孩所用的布兜子。

【题解】

春秋时代,礼崩乐坏,孔子把"恢复礼乐"当成毕生大事,在孔子看来，如果为政者把精力放在具体的生活事务上，就是舍本逐末了。

【译文】

樊迟向孔子请教如何种庄稼，孔子说："种庄稼上我不如老农民。"又请教如何种蔬菜，孔子说："种蔬菜上我不如老菜农。"

樊迟出去了。孔子说："真是个小人啊！樊迟这个人！居于上位的人爱好礼仪，老百姓就没有敢不恭敬的；居于上位者爱好道义，老百姓就没有敢不服从的；居于上位的人爱好诚信，老百姓就没有敢不诚实的。如果能够做到这一点，那么，四方的老百姓就会背负幼子前来归附，何必要靠种庄稼来吸引百姓归附呢？"

【原文】

13.5 子曰："诵《诗》三百，授之以政，不达；使①于四方，不能专对②；虽多，亦奚以为③？"

【注释】

①使：出使。②专对：古代使节，只接受使命，至于交涉应对，全靠随机应变。专对就是能独立而熟练地应付外交谈判中的各种疑问和责难。③以：用。为：疑问语气词。

【题解】

孔子的这段言论表明，他的教育思想和教育目的是致力于培养对时代有用的人，辅佐君主治理国家，让天下归仁，学习《诗经》也是为了让弟子们增加多方面的知识，成为有用的人才，而不是成为纯粹的文人或书呆子。

【译文】

孔子说："熟读了《诗经》三百篇，交给他政治任务，他却搞不懂；派他出使外国，又不能独立应对外交。即使书读得再多，又有什么用处呢？"

【原文】

13.6　子曰："其身正，不令而行；其身不正，虽令不从。"

【题解】

这也是孔子一贯坚持的持政者要以身作则的原则。

【译文】

孔子说："当权者如果自身行为端正，不用发布命令，事情也能推行得开；如果本身不端正，就是发布了命令，百姓也不会听从的。"

【原文】

13.7　子曰："鲁卫之政，兄弟也。"

【题解】

鲁国是周公旦的封地，卫国是康叔的封地，周公旦和康叔是兄弟，当时两国的政治情况都趋向于衰败。故而孔子有此感叹。

【译文】

孔子说："鲁国的政治和卫国的政治，像兄弟一样。"

【原文】

13.8　子谓卫公子荆："善居室①。始有，曰：'苟合②矣。'少有，曰：'苟完矣。'富有，曰：'苟美矣。'"

【注释】

①善居室：善于治理家政，善于居家过日子等。②苟：聊且、粗略之意。合：足。

【题解】

本章是孔子对卫公子荆的赞美,孔子认为为政者应该在自己的生活上知足,在仁德上知不足。

【译文】

孔子谈到卫国的公子荆时,说:"他善于居家过日子。当他刚开始有财物时,便说:'差不多够了。'当家财稍微多起来时,就说:'已经足够了。'当财物到了富有时,就说:'真是太完美了。'"

【原文】

13.9 子适①卫,冉有仆②。子曰:"庶③矣哉!"冉有曰:"既庶矣,又何加焉?"曰:"富之。"曰:"既富矣,又何加焉?"曰:"教之。"

【注释】

①适:往,到……去。②仆:动词,驾驭车马。亦作名词用,指驾车的人。③庶:众多。

【题解】

本章孔子提出了"先富后教"的政治思想,认识到经济富裕是德教的基础,很了不起。

【译文】

孔子到卫国去,冉有为他驾车。孔子说:"人口真是众多啊!"冉有说:"人口已经是如此众多了,然后该做什么呢?"孔子说:"使他们富裕起来。"冉有说:"已经富裕了,还要怎么做?"孔子说:"让他们接受良好的教育。"

【原文】

13.10 子曰:"苟有用我者,期月①而已可也,三年有成。"

【注释】

①期（jī）月：一年。

【题解】

据《史记·孔子世家》记载，这是孔子在卫国时有感而发，表达了他对从政的信心。

【译文】

孔子说："假如有人让我主持国家政事，一年之内就可以初见成效，三年便能成效显著。"

【原文】

13.11 子曰："'善人为邦①百年，亦可以胜残②去杀矣。'诚哉是言也！"

【注释】

①为邦：治国。②胜残：克服残暴。

【题解】

春秋时期，各国执政者发动不义战争，只有具有仁爱之心的人用相当长的时间，才能扭转这种积重难返的局面。

【译文】

孔子说："'善人治理国家一百年，也就能够克服残暴行为，消除虐杀现象了。'这句话说得真对啊！"

【原文】

13.12 子曰："如有王者，必世①而后仁。"

【注释】

①世：古代以三十年为一世。

【题解】

接着上一章,孔子说,能够行仁道的"王者"需要三十年才可实现仁政,可见治理好一个国家,尤其是使教化大行,需要长时间的积累。

【译文】

孔子说:"如果有王者兴起,也必须得要三十年才能在天下推行仁政。"

【原文】

13.13 子曰:"苟正其身矣,于从政乎何有?不能正其身,如正人何?"

【题解】

此章孔子讲的还是"正人先正己"的道理。可参读《颜渊》篇第17章。

【译文】

孔子说:"如果端正了自己的言行,治理国家还有什么难的呢?如果不能端正自己,又怎么能去端正别人呢?"

【原文】

13.14 冉子退朝①。子曰:"何晏也?"对曰:"有政。"子曰:"其事也。如有政,虽不吾以②,吾其与③闻之。"

【注释】

①朝:朝廷。或指鲁君的朝廷,或指季氏议事的场所。解释不一。②不吾以:不用我。以,用。③与(yù):参与。

【题解】

此章孔子说是议事而不是议政,也有"正名"的意思,这也说明孔子虽不在朝，却对国家政治一直十分关心。

【译文】

冉有上朝回来，孔子说："今天为什么回来得这样晚呢？"冉有回答说："有政务。"孔子说："那不过是一般性的事务罢了。如果是重要的政务，虽然我没有被任用，还是会知道的。"

【原文】

13.15　定公问："一言而可以兴邦，有诸？"孔子对曰："言不可以若是其几①也。人之言曰：'为君难，为臣不易。'如知为君之难也，不几乎一言而兴邦乎？"曰："一言而丧邦，有诸？"孔子对曰："言不可以若是其几也。人之言曰：'予无乐乎为君，唯其言而莫予违也。'如其善而莫之违也，不亦善乎？如不善而莫之违也，不几乎一言而丧邦乎？"

【注释】

①几（jī）：近。

【题解】

"一言可以兴邦""一言可以丧邦"，已经成为成语，这并非过分之词。执政者确实应该小心谨慎，注意自己的一言一行。

【译文】

鲁定公问："一句话可以使国家兴盛，有这样的事吗？"孔子回答说："对语言不能有那么高的期望。有人说：'做国君难，做臣子也不容易。'如果知道了做国君的艰难，（自然会努力去做事，）这不近于一句话而使国家兴盛吗？"定公说："一句话可以使国家丧亡，有这样的事吗？"孔子回答说："对语言的作用不能有那么高的期望。有人说：'我做国君没有感到什么快乐，唯一使我高兴的是我说的话没有人敢违抗。'如果说的话正确而没有人违抗，这不是很好吗？

如果说的话不正确也没有人敢违抗,这不就近于一句话就使国家丧亡吗?"

【原文】

13.16 叶公问政。子曰:"近者说①,远者来。"

【注释】

①说:同"悦"。

【题解】

叶国是春秋时期的小国,小国更应该注意与邻国友好往来,实行仁道。"近说远来"也是社会生活交往的一个规律。

【译文】

叶公问怎样治理国家。孔子说:"让近处的人快乐满意,使远处的人闻风归附。"

【原文】

13.17 子夏为莒父①宰,问政。子曰:"无欲速,无见小利。欲速,则不达;见小利,则大事不成。"

【注释】

①莒(jǔ)父:鲁国的一个城邑,在今山东省莒县境内。

【题解】

这是孔子提出的关于管理地方行政的原则、方法的一段问答。"欲速则不达"一句已经成为成语,做大事小事都要符合这个规律。

【译文】

子夏做了莒父的地方长官,问怎样治理政事。孔子说:"不要急于求成,不要贪图小利。急于求成,反而达不到目的;贪小利则办不成大事。"

【原文】

13.18 叶公语①孔子曰:"吾党②有直躬者,其父攘③羊,而子证④之。"孔子曰:"吾党之直者异于是。父为子隐,子为父隐,直在其中矣。"

【注释】

①语(yù):告诉。②党:指家乡。古代五百家为党。③攘(rǎng):即偷窃。④证:告发。

【题解】

这一章表明在中国当时的传统社会中伦理道德高于法制,从这里我们可以推想古代社会的情况以及中国社会历史上的法、情、礼之间的关系。

【译文】

叶公告诉孔子说:"我家乡有个按直道做事的人,他父亲偷了别人的羊,他便出来告发。"孔子说:"我家乡正直的人与这不同:父亲替儿子隐瞒,儿子替父亲隐瞒,直道就在这里面了。"

【原文】

13.19 樊迟问仁。子曰:"居处恭,执事敬,与人忠。虽之夷狄,不可弃也。"

【题解】

此章孔子提出了做人在生活、工作和交友等各个方面的"仁"的要求,即"恭""敬""忠"是一个人的为人之道,到哪里都行得通。

【译文】

樊迟问什么是仁。孔子说:"平时的生活起居要端庄恭敬,办事情的时候要严肃认真，对待他人要忠诚。就是去边远的少数民族居住的地方，也是不能废弃这些原则的。"

【原文】

13.20　子贡问曰："何如斯可谓之士矣？"子曰："行己有耻，使于四方，不辱君命，可谓士矣。"

曰："敢问其次。"曰："宗族称孝焉，乡党称弟焉。"

曰："敢问其次。"曰："言必信，行必果，硁硁①然小人哉！抑亦可以为次矣。"

曰："今之从政者何如？"子曰："噫！斗筲之人②，何足算也！"

【注释】

①硁（kēng）硁：象声词，敲击石头的声音。这里引申为像石块那样坚硬。②斗筲（shāo）之人：比喻器量狭小的人。筲，竹器，容一斗二升。

【题解】

士阶层是周代贵族最基本的一个阶层，后来演变成知识分子的通称。此章孔子从知耻、言行、忠信等方面提出了"士"的标准。

【译文】

子贡问道："怎样才可称得上'士'呢？"孔子说："自己的言行都保持着羞耻之心，出使四方各国不辜负君主的使命，这就可以作'士'了。"

子贡说："请问次一等的'士'是什么样子的？"孔子说："宗族的人称赞他孝顺，乡里的人称赞他友爱。"

子贡说："请问再次一等的'士'什么样子？"孔子说："说话一定要诚信，做事一定要坚定果断，这虽是耿直固执的人，但也可以算作再次一等的'士'了。"

子贡说:"现在那些执政的人怎么样?"孔子说:"唉!一班器量狭小的家伙,算得了什么呢!"

【原文】

13.21 子曰:"不得中行而与①之,必也狂狷②乎!狂者进取,狷者有所不为也。"

【注释】

①中行:行为合乎中庸。与:相与,交往。②狷(juàn):性情耿介,不肯同流合污。

【题解】

孔子认为能够"中行"的人是理想中的合乎中庸之道的人,然而现实中这种人太少了,如果有"狂"和"狷",就算不错,不得已时,只好退而求其次。

【译文】

孔子说:"如果找不到行为合乎中庸的人而和他们交往,就必须和勇于向前及洁身自好的人交往!勇于向前的人努力进取,洁身自好的人不会去做坏事!"

【原文】

13.22 子曰:"南人有言曰:'人而无恒,不可以作巫医①。'善夫!""不恒其德,或承之羞②。"子曰:"不占而已矣。"

【注释】

①巫医:用卜筮为人治病的人。②不恒其德,或承之羞:此二句引自《易经·恒卦·爻辞》。意为不能坚持,便会招羞辱。

【题解】

此章讲的是恒心在学习、做事、与人交往和自我修养方面的重要性。

【译文】

孔子说:"南方人有句话说:'人如果没有恒心,就不可以做巫医。'这话说得好啊!"《周易》说:"不能长期坚持自己的德行(三心二意),有时就要承受羞辱。"孔子又说:"(这句话的意思是叫没有恒心的人)不要占卦罢了。"

【原文】

13.23 子曰:"君子和而不同①,小人同而不和。"

【注释】

①和:和谐,协调。同:人云亦云,盲目附和。

【题解】

此章孔子论述了"和而不同"这一重要思想,这是"君子"与"小人"的又一区别,也成为中国社会传统思想的核心内容之一。

【译文】

孔子说:"君子追求与人和谐而不是完全相同、盲目附和,小人追求与人相同、盲目附和而不是与人和谐。"

【原文】

13.24 子贡问曰:"乡人皆好之,何如?"子曰:"未可也。""乡人皆恶之,何如?"子曰:"未可也。不如乡人之善者好之,其不善者恶之。"

【题解】

此章讲的是如何认识人、评价人的问题。孔子认为,评价一个人，不能简单地听从当地人们各种各样的毁、誉，不能从众，还要细心考察其所以被毁、所以被誉的原因，然后才能做出准确的评价。

【译文】

子贡问道："乡里人都喜欢他，这个人怎么样？"孔子说："还不能肯定。""乡里人都厌恶他，这个人怎么样？"孔子说："也还不能肯定。最好是乡里的好人都喜欢他，乡里的坏人都厌恶他。"

【原文】

13.25　子曰："君子易事而难说①也。说之不以道，不说也；及其使人也，器之②。小人难事而易说也。说之虽不以道，说也；及其使人也，求备焉。"

【注释】

①说：通"悦"。②器之：按各人的才德适当使用。"器"，器用。做动词用。

【题解】

孔子在这里谈的是做人的两种作风。这是君子和小人之间的又一差别，君子严于律己、宽以待人，无德之人对人求全责备。

【译文】

孔子说："在君子手下做事情很容易，但要取得他的欢心却很难。不用正当的方式去讨他的欢喜，他是不会喜欢的；等到他使用人的时候，能按各人的才德去分配任务。在小人手下做事很难，但要想讨好他却很容易，用不正当的方式去讨好他，他也会很高兴。在用人的时候，小人却是要百般挑剔求全责备的。"

【原文】

13.26　子曰："君子泰而不骄，小人骄而不泰。"

【题解】

由于君子和无德之人内在的心灵、思想、修养不同，诚于忠，形于外，自然他们表现于外的风格也不相同。

【译文】

孔子说："君子安静坦然而不骄矜凌人，小人骄矜凌人而不安静坦然。"

【原文】

13.27 子曰："刚、毅、木、讷，近仁。"

【题解】

孔子认为"仁"是最高境界，不易达到，可以从"刚、毅、木、讷"这四种基本的品质做起。

【译文】

孔子说："刚强、坚毅、质朴、谨慎，（具备了这四种品德的人）便接近仁德了。"

【原文】

13.28 子路问曰："何如斯可谓之士矣？"子曰："切切、偲偲①，怡怡②如也，可谓士矣。朋友切切、偲偲，兄弟怡怡。"

【注释】

①偲（sī）偲：勉励、督促、诚恳的样子。②怡（yí）怡：和气、亲切、顺从的样子。

【题解】

前面子贡问士，孔子提出了士的三个标准；这里子路问士，孔子提出要友好地处理好朋友之间、弟兄之间的和谐关系。这些回答都是在因材施教。

【译文】

子路问道:"怎样才可以称为士呢?"孔子说:"互相帮助督促而又和睦相处,就可以叫作士了。朋友之间互相勉励督促,兄弟之间和睦相处。"

【原文】

13.29 子曰:"善人教民七年,亦可以即戎①矣。"

【注释】

①即戎:参与军事。"即"用作动词,表示"就"的意思。

【题解】

孔子是主张和平的,他反对暴力和带有侵略性质的兼并战争,但他主张保卫国家、抵抗外侵的战争。他认为对人民要加强保卫国家的教育和训练。

【译文】

孔子说:"善人教导训练百姓七年,也就可以叫他们去作战了。"

【原文】

13.30 子曰:"以不教民①战,是谓弃之。"

【注释】

①不教民:不教之民。

【题解】

此章是说要爱惜人民,让没有经过教育和训练的人去打仗,就是抛弃他们的生命。

【译文】

孔子说:"让没有受过训练的人去作战,这是抛弃他们,让他们去送死。"

宪问篇第十四

【原文】

14.1 宪①问耻。子曰:"邦有道,谷②;邦无道,谷,耻也。""克、伐③、怨、欲不行焉,可以为仁矣?"子曰:"可以为难矣,仁则吾不知也。"

【注释】

①宪:姓原,名宪,字子思,孔子的学生。②谷:俸禄。③克:好胜。伐:自夸。

【题解】

本章是孔子对原宪问耻的回答,意思与《泰伯》篇第13章同,可以参照阅读。

【译文】

原宪问什么叫耻辱。孔子说:"国家政治清明,做官领俸禄;国家政治黑暗,也做官领俸禄,这就是耻辱。"原宪又问:"好胜、自夸、怨恨和贪婪这四种毛病都没有,可以称得上仁吗?"孔子说:"可以说是难能可贵,至于是否是仁,我就不能断定了。"

【原文】

14.2 子曰:"士而怀居①,不足以为士矣。"

【注释】

①怀居:留恋家室的安逸。

【题解】

孔子所称赞的心目中的士,具有很高的品质要求。如果贪恋家室的安逸,就负不起作为士的责任了。

【译文】

孔子说:"士人如果留恋家庭生活的安逸,就不足以做士人了。"

【原文】

14.3 子曰:"邦有道,危①言危行;邦无道,危行言孙②。"

【注释】

①危:直,正直。②孙(xùn):通"逊"。

【题解】

此章孔子讲的是做人与为政之道,即国家有道时,直述其言;国家无道时,就要注意说话的方式了。

【译文】

孔子说:"国家政治清明,要言语正直,行为正直;国家政治黑暗,行为同样需要正直,但言语应该谦逊谨慎。"

【原文】

14.4 子曰:"有德者必有言,有言者不必有德;仁者必有勇,勇者不必有仁。"

【题解】

此章孔子讲的是道德和语言、仁德和勇敢之间的关系。

【译文】

孔子说:"有德的人一定有好的言论,但有好言论的人不一定有德;仁人一定勇敢,但勇敢的人不一定有仁。"

【原文】

14.5 南宫适①问于孔子,曰:"羿②善射,奡③荡舟,俱不得其死然。禹、稷④躬稼,而有天下。"夫子不答。南宫适出,子曰:"君子哉若人!尚德哉若人!"

【注释】

①南宫适(kuò):姓南宫,名适,字子容,孔子的学生。②羿(yì):传说中夏代有穷国的国君,善于射箭,曾夺夏太康的王位,后被其臣寒浞所杀。③奡(ào):古代的一个大力士,传说中寒浞的儿子,后来为夏少康所杀。④禹:夏朝的开国之君,善于治水,注重发展农业。稷(jì):传说是周朝的祖先,又为谷神,教民种植庄稼。

【题解】

此章反映了孔子崇尚忠信、质朴和道德,反对不择手段,鄙视暴力和权术的态度。

【译文】

南宫适向孔子问道:"羿擅长射箭,奡擅长水战,但是都没有得到善终。禹和稷亲自耕作庄稼,却得到了天下。"孔子没有回答。南宫适退出去后,孔子说:"这个人是君子啊!这个人崇尚道德啊!"

【原文】

14.6 子曰:"君子而不仁者有矣夫,未有小人而仁者也。"

【题解】

在孔子看来,仁的境界是非常高的,是难以企及的。君子尚且要时时注意努力,小人就更难达到了。

【译文】

孔子说:"君子之中也许会有不仁的人,但小人之中绝对不会有仁人。"

【原文】

14.7　子曰:"爱之,能勿劳乎?忠焉①,能勿诲乎?"

【注释】

①焉:相当于"于是",也相当于"于之",但古代"于"和"之"一般不连用。

【题解】

孔子这里谈的是爱百姓、爱后进,而且要忠于朋友、忠于国家。

【译文】

孔子说:"爱他,能不要求他辛勤劳动吗?忠于他,能不以善言来教诲他吗?"

【原文】

14.8　子曰:"为命①,裨谌②草创之,世叔③讨论之,行人子羽④修饰之,东里⑤子产润色之。"

【注释】

①命:指外交辞令。②裨谌(pí chén):郑国的大夫。③世叔:即子太叔,名游吉,郑国的大夫。子产死后,继子产为郑国宰相。④行人:官名,掌管朝觐聘问,即外交事务。子羽:公孙羽,郑国的大夫。⑤东里:子产所居之地,在今郑州市。

【题解】

此章通过孔子对子产的外交能力的赞赏,讲述了一道行政文书需要经过四个人来完成,说明从政要谨慎。

【译文】

孔子说:"郑国制订外交文件,由裨谌起草,世叔提出意见,外交官子羽修改,东里子产加工润色。"

【原文】

14.9 或问子产,子曰:"惠人也。"问子西①,曰:"彼哉!彼哉②!"问管仲,曰:"人也。夺伯氏骈邑③三百,饭疏食,没齿无怨言。"

【注释】

①子西:楚国的令尹,名申,字子西。一说为郑国大夫。②彼哉:他呀!这是当时表示轻视的习惯语。③伯氏:齐国的大夫。骈邑:齐国的地方。

【题解】

此章,孔子对子产、子西及管仲的政绩分别做了不同的评价。

【译文】

有人问子产是怎样的人。孔子说:"他是个宽厚的人。"问到子西是怎样的人。孔子说:"他呀!他呀!"问到管仲是怎样的人。孔子说:"他是个人才。他剥夺了伯氏骈邑三百户的封地,使伯氏只能吃粗粮,却至死对他没有怨言。"

【原文】

14.10 子曰:"贫而无怨难,富而无骄易。"

【题解】

孔子认为富足了而不骄纵容易做到,但贫穷时能保持心态平和,不怨天尤人就难了。

【译文】

孔子说:"贫穷而没有怨恨很难,富贵而没有骄矜倒很容易。"

【原文】

14.11 子曰:"孟公绰为赵、魏老则优①,不可以为滕、薛②大夫。"

【注释】

①孟公绰:鲁国的大夫,清心寡欲。赵、魏:晋国最有权势的大夫赵氏、魏氏。老:大夫的家臣。优:优裕。②滕、薛:当时的小国,在鲁国附近。滕在今山东滕县,薛在今山东滕县西南。

【题解】

孔子这里讲的是为政者应量才用人,使人各尽所能,各得其所。

【译文】

孔子说:"孟公绰担任晋国赵氏、魏氏的家臣绰绰有余,但是做不了滕国和薛国这样小国的大夫。"

【原文】

14.12 子路问成人①。子曰:"若臧武仲②之知,公绰之不欲,卞庄子③之勇,冉求之艺,文之以礼乐,亦可以为成人矣。"曰:"今之成人者何必然?见利思义,见危授命,久要④不忘平生之言,亦可以为成人矣。"

【注释】

①成人:全人,即完美无缺的人。②臧武仲:鲁国大夫臧孙纥。他在齐国时能预见齐庄公将败,不受其田邑。③卞庄子:鲁国的大夫,封地在卞邑,以勇气著称。④久要:长久处于穷困中。

【题解】

此章是讨论人格完善的问题。在孔子看来人能德才艺兼备,又有礼乐教养,就接近于完人了。但是这个标准似乎有些严苛,如果能够做到"见利思义""见危授命""久要不忘平生之言",也可以成为一个比较完美的人。"见利思义"的思想,对后世影响深远。

【译文】

子路问孔子怎样才算是完人。孔子说:"像臧武仲那样有智慧,像孟公绰那样不贪求,像卞庄子那样勇敢,像冉求那样有才艺,然后再用礼乐来增加他的文采,就可以算是个完人了。"孔子又说:"如今的完人何必要这样呢?见到利益能想到道义,遇到危险时甘愿献出生命,长期处在贫困之中也不忘平生的诺言,也可以算是完人了。"

【原文】

14.13 子问公叔文子于公明贾①,曰:"信乎?夫子不言,不笑,不取乎?"

公明贾对曰:"以②告者过也。夫子时然后言,人不厌其言;乐然后笑,人不厌其笑;义然后取,人不厌其取。"

子曰:"其然?岂其然乎?"

【注释】

①公叔文子:卫国大夫。公明贾:卫国人,姓公明,名贾。
②以:此。

【题解】

卫大夫公叔文子以贤德著称于世,他"不言、不笑、不取",他"时然后言""乐然后笑""义然后取"的高尚人格得到了孔子的赞许。

【译文】

孔子向公明贾问到公叔文子,说:"是真的吗?他老先生不言语,不笑,不取钱财?"

公明贾回答说:"那是告诉你的人说错了。他老人家是到该说话时再说话,因而别人不讨厌他的话;高兴了才笑,因而别人不厌烦他的笑;应该取的时候才取,因而别人不厌恶他的取。"

孔子说道:"是这样的吗?难道真的是这样的吗?"

【原文】

14.14 子曰:"臧武仲以防①求为后于鲁,虽曰不要②君,吾不信也。"

【注释】

①防:地名,武仲封邑,在今山东费县东北六十里。②要(yāo):要挟。

【题解】

本章是孔子站在正名和尊君的立场上,认定臧武仲是想要挟君主,犯上作乱。臧武仲之事见《左传·襄公二十三年》。

【译文】

孔子说:"臧武仲凭借防邑请求立他的后代为鲁国的卿大夫,虽然有人说他不是要挟国君,但我是不信的。"

【原文】

14.15 子曰:"晋文公谲①而不正,齐桓公②正而不谲。"

【注释】

①晋文公:姓姬名重耳,春秋时期著名的霸主之一,公元前636—前628年在位。谲:欺诈,玩弄手段。②齐桓公:姓姜,名小

白,春秋时期著名的霸主之一,公元前685—前643年在位。

【题解】

本章是孔子站在尊王和维护周礼的立场上,对春秋时期两位著名的政治家分别做了评价。

【译文】

孔子说:"晋文公诡诈而不正派,齐桓公正派而不诡诈。"

【原文】

14.16　子路曰:"桓公杀公子纠①,召忽死之,管仲不死。"曰:"未仁乎?"子曰:"桓公九合诸侯②,不以兵车,管仲之力也。如③其仁!如其仁!"

【注释】

①公子纠:齐桓公的哥哥。齐桓公与他争位,杀掉了他。②九合诸侯:指齐桓公多次召集诸侯盟会。③如:乃,就。

【题解】

管仲帮助齐桓公召集诸侯会盟,天下由此而安,为维护人民的和平生活做出了贡献,这符合"仁德",所以博得了孔子的称赞。

【译文】

子路说:"齐桓公杀了公子纠,召忽自杀以殉,但管仲却没有死。"接着又说:"管仲是不仁的吧?"孔子说:"桓公多次召集各诸侯国会盟,不用武力,都是管仲的努力促成的。这就是他的仁德!这就是他的仁德!"

【原文】

14.17　子贡曰:"管仲非仁者与?桓公杀公子纠,不能死,又相之。"子曰:"管仲相桓公,霸诸侯,一匡天下,民到于今受其赐。微①管仲，吾其被发左衽②矣。岂若匹夫匹妇之为谅③也，自经于沟渎④而莫之知也？"

【注释】

①微：如果没有。用于和既成事实相反的假设句句首。②被：通"披"。衽（rèn）：衣襟。③谅：诚实。④自经：自缢。渎（dú）：小沟。

【题解】

在《八佾》篇第22章，孔子曾批评管仲"不知礼"，此章和上一章却肯定管仲的"仁"。这说明孔子评价人并不是片面的，孔子认为管仲安定天下、有功于百姓，这是他的大节。

【译文】

子贡说："管仲不是仁人吧？齐桓公杀了公子纠，他不能以死相殉，反又去辅佐齐桓公。"孔子说："管仲辅佐齐桓公，称霸诸侯，匡正天下，人民到现在还受到他的好处。如果没有管仲，我们大概都会披散着头发，衣襟向左边开了。难道他要像普通男女那样守着小节小信，在山沟中上吊自杀而没有人知道吗？"

【原文】

14.18　公叔文子之臣大夫僎与文子同升诸公①。子闻之，曰："可以为'文'②矣。"

【注释】

①臣大夫：即家大夫，文子的家臣。僎（zhuàn）：人名。本是文子的家臣，因文子的推荐，和文子一起做了卫国的大臣。同升诸公：同升于公朝。②可以为"文"：周朝的谥法，"赐民爵位曰'文'"。公叔文子使大夫僎和他一起升于公朝，所以孔子说他有资格得到"文"的谥号。

【题解】

此章孔子称赞了公叔文子举贤的美德。

【译文】

公叔文子的家臣大夫僎,(被文子推荐)和文子一起升职为卫国的大臣。孔子听说了这件事,说:"可以给他'文'的谥号了。"

【原文】

14.19　子言卫灵公之无道也,康子曰:"夫如是,奚而^①不丧?"孔子曰:"仲叔圉^②治宾客,祝鮀治宗庙,王孙贾治军旅。夫如是,奚其丧?"

【注释】

①奚而:为什么。②仲叔圉(yǔ):即孔文子,他与祝鮀、王孙贾都是卫国的大夫。

【题解】

孔子认为知人善任、选用好人才、用人得当,都是治国的关键所在。

【译文】

孔子谈到卫灵公的昏庸无道,季康子说:"既然这样,为什么没有丧国呢?"孔子说:"他有仲叔圉接待宾客,祝鮀管治宗庙祭祀,王孙贾统率军队。像这样,怎么会丧国呢?"

【原文】

14.20　子曰:"其言之不怍^①,则为之也难。"

【注释】

①怍(zuò):惭愧。

【题解】

孔子一直认为自知之明非常重要，好的品德体现于行动，说大话的人应该为自己的做法感到难堪。

【译文】

孔子说："说话大言不惭，实行这些话就很难。"

【原文】

14.21 陈成子弑简公①。孔子沐浴而朝②，告于哀公曰："陈恒弑其君，请讨之。"公曰："告夫三子③！"

孔子曰："以吾从大夫之后，不敢不告也。君曰'告夫三子'者④！"之三子告，不可。孔子曰："以吾从大夫之后，不敢不告也。"

【注释】

①陈成子：即陈恒，齐国大夫。弑（shì）：下杀上为弑。简公：齐简公，名壬。②孔子沐浴而朝：这时孔子已告老还家，他认为臣弑其君是大逆不道，非讨不可。③夫（fú）：指示代词，那。三子：指孟孙、季孙、叔孙三家大夫。由于他们势力强大，主宰着鲁国的政治，故哀公不敢自主。④者：复指"告夫三子"，可以不译。

【题解】

孔子站在尊君、正名的维护礼制的立场上，要求鲁哀公及鲁国三家讨伐陈恒，遭到了反对，他的意愿未能实现。

【译文】

陈成子杀了齐简公。孔子在家斋戒沐浴了去朝见鲁哀公，告诉哀公说："陈恒杀了他的君主，请出兵讨伐他。"哀公说："你去向季孙、叔孙、孟孙三人报告吧！"

孔子退朝后说:"因为我曾经做过大夫,不敢不来报告。可君主却对我说'去向那三人报告'。"孔子到季孙、叔孙、孟孙三人那里去报告,他们不同意讨伐。孔子说:"因为我曾经做过大夫,不敢不报告。"

【原文】

14.22　子路问事君。子曰:"勿欺也,而犯之。"

【题解】

这章是孔子的经验之谈,也是他对君主要忠诚、做人要正直的一贯主张。

【译文】

子路问怎样服侍君主。孔子说:"不要欺骗他,但可以犯颜直谏。"

【原文】

14.23　子曰:"君子上达,小人下达[①]。"

【注释】

①上达、下达:一、上达于仁义,下达于财利;二、上达于道,下达于器,即农工商各业;三、上达是日进乎高明,长进向上,下达是日究乎污下,沉沦向下。

【题解】

孔子已多次提出过君子与小人的种种区别,这里从根本上说出了他们的不同。

【译文】

孔子说:"君子向上去通达仁义,小人向下去通达财利。"

【原文】

14.24　子曰:"古之学者为己,今之学者为人。"

【题解】

孔子这里讲的是古今学者学习的目的是不同的,差别在于古之学者是真诚地为了提高自己,而不像后来的学者那样是为了做给别人看。

【译文】

孔子说:"古代学者学习是为了充实提高自己,现在的学者学习是为了炫耀给别人看。"

【原文】

14.25　蘧伯玉①使人于孔子。孔子与之坐而问焉,曰:"夫子何为?"对曰:"夫子欲寡其过而未能也。"使者出。子曰:"使乎!使乎!"

【注释】

①蘧伯玉:卫国的大夫,名瑗。孔子在卫国时,曾住过他家。

【题解】

此章塑造了一位不卑不亢、反应敏捷、忠诚正直而又谦逊有礼的使者形象。

【译文】

蘧伯玉派使者去拜访孔子,孔子请使者坐下,然后问道:"先生近来在做什么呢?"使者回答说:"先生想要减少自己的过失而还没能做到。"使者出去之后,孔子说:"好一位使者呀!好一位使者呀!"

【原文】

14.26　子曰:"不在其位,不谋其政①。"曾子曰:"君子思不出其位。"

【注释】

①见《泰伯》篇第 14 章。

【题解】

春秋末期,诸侯越礼、大夫专权之事很多。孔子和曾子的话就是针对这种时局而发的,这也是管理学上的一个重要命题。

【译文】

孔子说:"不在那个职位上,就不去谋划那个职位上的政事。"曾子说:"君子所思虑的不越出他的职权范围。"

【原文】

14.27　子曰:"君子耻其言而①过其行。"

【注释】

①而:用法同"之"。

【题解】

以言行一致为美德,以言过其行为可耻,这是孔子一贯提倡的做人准则。

【译文】

孔子说:"君子把说得多做得少视为可耻。"

【原文】

14.28　子曰:"君子道者三,我无能焉:仁者不忧,知者不惑,勇者不惧。"子贡曰:"夫子自道也。"

【题解】

孔子提出仁、智、勇三条作为君子的标准,这也是中华文化的核心思想之一。

【译文】

孔子说:"君子所遵循的三个方面,我都没能做到:仁德的人不忧愁,智慧的人不迷惑,勇敢的人不惧怕。"子贡说道:"这是先生对自己的描述。"

【原文】

14.29　子贡方人①。子曰:"赐也贤乎哉?夫我则不暇。"

【注释】

①方人:有二解,一是郑注,"言人之过恶",即讥评别人;二是比也,同别人比而较其短长。两说均通,今从后说。

【题解】

孔子讲治学,强调加强自身修养要从自身做起,不要先心驰于外,议论别人。

【译文】

子贡议论别人。孔子说:"端木赐你就真的那么贤良吗?我就没有这种闲暇(去评论别人)。"

【原文】

14.30　子曰:"不患人之不己知,患其不能也。"

【题解】

这一章孔子告诉我们,一个人最重要的是从自己做起,要有真才实学,不要总是担心别人不了解自己的能力,叹息自己怀才不遇,这是一种消极情绪,机会是给有准备的人的。

【译文】

孔子说:"不担心别人不知道自己,只担心自己没有能力。"

【原文】

14.31　子曰:"不逆诈①,不亿②不信,抑亦先觉者,是贤乎!"

【注释】

①逆诈:逆,迎也。逆诈,据颜师古:"谓以诈意逆猜人也。"②亿:通"臆",主观臆测。

【题解】

孔子这里谈的是贤人在人际交往中应该坚持诚信,推己及人。

【译文】

孔子说:"不预先怀疑别人欺骗,不凭空臆想别人不诚信,却能先行察觉,这样的人就是贤者了。"

【原文】

14.32　微生亩①谓孔子曰:"丘何为是栖栖②者与?无乃为佞乎?"孔子曰:"非敢为佞也,疾固也。"

【注释】

①微生亩:姓微生,名亩,隐士。②是:副词,当"如此"解。栖栖(xī):不安定的样子。

【题解】

微生亩是长者,所以直呼孔子之名。孔子为了推行周礼,终生忙忙碌碌,周游列国,却一再碰壁,但他义无反顾,表现出对国家的负责态度和对理想的执着追求。

【译文】

微生亩对孔子说:"你为什么这样奔波忙碌呢?不是为了显示你的才辩吧?"孔子说:"我不敢显示我有才辩,只是讨厌那种顽固不化的人。"

【原文】

14.33　子曰:"骥①不称其力,称其德也。"

【注释】

①骥:千里马。古代称善跑的马为骥。

【题解】

孔子用千里马的比喻来说明人的德比才更重要。衡量人才的标准首先是德,在德的基础上要有才。

【译文】

孔子说:"对千里马不是称赞它的力气,而是称赞它的品德。"

【原文】

14.34　或曰:"以德报怨,何如?"子曰:"何以报德?以直报怨,以德报德。"

【题解】

"以德报怨"看上去更为宽容,但是不够正直。"仁"的理想本来是推己及人的,要爱憎分明,明辨是非,讲究原则,孔子强调"以直报怨",这是正确的。

【译文】

有人说:"用恩德来回报怨恨,怎么样?"孔子说:"用什么来回报恩德呢?用正直来回报怨恨,用恩德来回报恩德。"

【原文】

14.35　子曰:"莫我知也夫!"子贡曰:"何为其莫知子也?"子曰:"不怨天,不尤①人,下学而上达。知我者其②天乎!"

【注释】

①尤：责怪。②其：前句中"其"字是用于句中的助词，无义。本句中"其"字用于拟议不定，可以译为"大概"或"恐怕"。

【题解】

《史记·孔子世家》中说，鲁哀公十四年，孔子七十一岁时，鲁君狩猎，获一怪兽，孔子以为是麟，不禁流泪，他感叹自己的政治理想不能实现了，但他"不怨天，不尤人"，显示出他伟大的人格力量。

【译文】

孔子说："没有人了解我啊！"子贡说："为什么没有人了解您呢？"孔子说："不埋怨天，不责备人，下学人事而上达天命。了解我的大概只有上天吧！"

【原文】

14.36　公伯寮愬子路于季孙①。子服景伯②以告，曰："夫子③固有惑志于公伯寮，吾力犹能肆④诸市朝。"子曰："道之将行也与，命也；道之将废也与，命也。公伯寮其如命何！"

【注释】

①公伯寮：鲁人，字子周，孔子的学生。愬（sù）：同"诉"，告发，诽谤。季孙：鲁国的大夫。②子服景伯：鲁国大夫，姓子服，名伯，"景"是他的谥号。③夫子：指季孙。④肆：陈列尸首。

【题解】

孔子在本章中通过公伯寮毁谤子路一事表明，道之行或废不是小人破坏与否就能决定了的，并说出了"谋事在人，成事在天"这一著名的言论。

【译文】

公伯寮向季孙控诉子路。子服景伯把这件事告诉了孔子,说:"季孙氏已经被公伯寮迷惑了,我的力量还能让公伯寮的尸首在街头示众。"孔子说:"道将要实行,是天命决定的;道将要被废弃,也是天命决定的。公伯寮能把天命怎么样呢?"

【原文】

14.37 子曰:"贤者辟①世,其次辟地,其次辟色,其次辟言。"子曰:"作者七人②矣。"

【注释】

①辟(bì):通"避",逃避。②七人:即伯夷、叔齐、虞仲、夷逸、朱张、柳下惠、鲁少连。

【题解】

这一章又一次表明了孔子重生全身的思想,这里讲的为人处世的道理,在历史上是很有作用的。

【译文】

孔子说:"贤人逃避恶浊乱世而隐居,其次是择地方而住,再其次是避开不好的脸色,再其次是避开恶言。"孔子说:"这样做的人有七位了。"

【原文】

14.38 子路宿于石门①。晨门②曰:"奚自?"子路曰:"自孔氏。"曰:"是知其不可而为之者与?"

【注释】

①石门:地名,鲁国都城的外门。②晨门:早上看守城门的人。

【题解】

孔子明知当时大道不行,礼乐难兴,但仍然周游列国,希望推行仁道于天下,"知其不可而为之"一语充分表现了孔子在困境中执着不屈的献身精神,也可以看出当时人们对孔子的了解、同情及赞叹的感情。

【译文】

子路在石门住了一夜。早上守城门的人说:"从哪儿来?"子路说:"从孔子家来。"守门人说:"就是那位知道做不成却还要做的人吗?"

【原文】

14.39　子击磬于卫,有荷蒉①而过孔氏之门者,曰:"有心哉,击磬乎!"既而曰:"鄙哉,硁硁②乎!莫己知也,斯己而已矣③。深则厉,浅则揭④。"子曰:"果哉!末之难⑤矣。"

【注释】

①蒉(kuì):土筐。②硁(kēng)硁:抑而不扬的击磬声。③斯己而已矣:就相信自己罢了。④深则厉,浅则揭:穿着衣服涉水叫厉,提起衣襟涉水叫揭。这两句是《诗经·邶风·匏有苦叶》的诗句。这里用来比喻处世也要审时度势,知道深浅。⑤末:无。难:责问。

【题解】

此章继续说明孔子知难而进,为了理想"知其不可而为之"的精神。

【译文】

孔子在卫国,一次正在击磬,有一个挑着草筐的人经过孔子门前,说:"这个磬击打得很有深意啊!"过了一会儿又说:"真固执呀,磬声硁硁的,没有人知道自己,就自己相信自己好了。水深就索性穿着衣服蹚过去，水浅就撩起衣服走过去。"孔子说："说得真是切中要害啊！真是这样的话，就没有什么可责问他的了。"

【原文】

14.40　子张曰："《书》云：'高宗谅阴①，三年不言。'何谓也？"子曰："何必高宗，古之人皆然。君薨②，百官总己以听于冢宰③三年。"

【注释】

①高宗：殷高宗武丁，是商朝中兴的贤王。谅阴：古时天子守丧之称。②薨：君主时代诸侯或大官死叫薨。③冢宰：官名。听于冢宰，百官都听命于冢宰，继位的新君可不理政事。

【题解】

三年之丧的丧礼在孔子以前的《尚书》中就有记载，孔子认为这是孝道的体现。

【译文】

子张说："《尚书》上说：'殷高宗守丧，三年不谈政事。'这是什么意思？"孔子说："不只是殷高宗，古人都是这样。国君死了，所有官员都各司其职，听从冢宰的命令长达三年。"

【原文】

14.41　子曰："上好礼，则民易使也。"

【题解】

本章是说明上行下效的道理，这是孔子反复向执政者讲解的为政之道。

【译文】

孔子说："居上位的人遇事依礼而行，民众就容易役使了。"

【原文】

14.42　子路问君子。子曰:"修己以敬。"曰:"如斯而已乎?"曰:"修己以安人。"曰:"如斯而已乎?"曰:"修己以安百姓。修己以安百姓,尧、舜其犹病诸!"

【题解】

此章孔子谈的仍是君子要"修己",从自己做起,自己心诚,对人尊敬,这是立身处世和管理政事的根本。

【译文】

子路问怎样做才是君子。孔子说:"修养自己以做到恭敬认真。"子路说:"像这样就可以了吗?"孔子说:"修养自己并且使别人安乐。"子路又问:"像这样就可以了吗?"孔子说:"修养自己并且使百姓安乐。修养自己使百姓都安乐,尧、舜大概都很难完全做到吧!"

【原文】

14.43　原壤夷俟[1]。子曰:"幼而不孙弟[2],长而无述焉,老而不死,是为贼[3]!"以杖叩其胫。

【注释】

[1]原壤:鲁国人,孔子的老朋友。夷俟:伸腿坐着等待。[2]孙弟:同"逊悌"。[3]贼:害人的人。

【题解】

此章中,孔子批评了一生无所作为而又不尊重他人的原壤,当然,批评带有诙谐的口吻。

【译文】

原壤叉开两腿坐着等孔子。孔子说:"你小时候不敬兄长,长大了没有什么值得称道的,老了还不死掉,真是个害人的家伙。"说完,用手杖敲击他的小腿。

【原文】

14.44　阙党①童子将命。或问之曰:"益者与?"子曰:"吾见其居于位②也,见其与先生并行③也,非求益者也,欲速成者也。"

【注释】

①阙党:孔子在鲁国所居地名,又叫阙里。②居于位:据《礼记·玉藻》,"童子无事则立主人之北,南面。"可见"居于位"不合乎当时的礼节。③并行:据《礼记·曲礼》:"五年以长,则肩随之。"童子和先生并行,也不合礼。

【题解】

此章孔子主要是批评那些急功近利的人,责备他们基础还没打好,就急于求取名利的行为。

【译文】

阙党的一个童子来传递信息。有人问孔子:"这是一个求上进的人吗?"孔子说:"我看见他坐在成人的席位上,看见他和长辈并肩而行。他不是个求上进的人,是一个急于求成的人。"

卫灵公篇第十五

【原文】

15.1 卫灵公问陈①于孔子。孔子对曰:"俎豆②之事,则尝闻之矣;军旅之事,未之学也。"明日遂行。

【注释】

①陈:同"阵",军队作战时,布列的阵势。②俎豆:古代盛肉食的器皿,用于祭祀,此处译为礼仪之事。

【题解】

俎、豆,是礼器,孔子是主张和平的,所以强调先礼而后兵,他的回答是只知礼仪,不懂军旅。

【译文】

卫灵公向孔子询问排兵布阵的方法。孔子回答说:"祭祀礼仪方面的事情,我听说过;用兵打仗的事,从来没有学过。"第二天就离开了卫国。

【原文】

15.2 在陈绝粮,从者病,莫能兴。子路愠见,曰:"君子亦有穷乎?"子曰:"君子固穷,小人穷斯滥矣。"

【题解】

这是孔子告诉人们怎样度过困难的一段名言,人生总难免有窘困的时候,这时更要坚持理想和操守。

【译文】

孔子在陈国断绝了粮食,跟从的人都饿病了,躺着不能起来。子路生气地来见孔子说:"君子也有穷困没有办法的时候吗?"孔子说:"君子在穷困时还能固守正道,小人一穷困就会胡作非为。"

【原文】

15.3 子曰:"赐也,女以予为多学而识①之者与?"对曰:"然。非与?"曰:"非也。予一以贯之②。"

【注释】

①识(zhì):通"志",记住。②一以贯之:即以忠恕之道贯穿着它。已见《里仁》篇第15章。

【题解】

"一以贯之"是非常重要的治学思想和方法,这也正是孔子学问渊博而又能融会贯通的根本原因。

【译文】

孔子对子贡说:"端木赐呀,你以为我是多多地学习并能牢记所学知识的人吗?"子贡回答说:"是的,难道不是这样吗?"孔子说:"不是的,我只是用一个基本观念把它们贯穿起来。"

【原文】

15.4 子曰:"由!知德者鲜矣。"

【题解】

"道"是体,"德"是用,有道有德,修养才全面,这里孔子是在教育子路,从根本做起。

【译文】

孔子说:"仲由!知晓德的人太少了。"

【原文】

15.5 子曰:"无为而治者其舜也与?夫①何为哉?恭己正南面而已矣。"

【注释】

①夫(fú):指示代词,他。

【题解】

舜是孔子心目中理想的先王,孔子之所以十分赞赏舜无为而治的政治,是留恋三代的礼制。

【译文】

孔子说:"能够不做什么就使天下得到治理的人,大概只有舜吧?他做了什么呢?庄重端正地面向南方坐在王位上罢了。"

【原文】

15.6 子张问行①。子曰:"言忠信,行笃②敬,虽蛮貊③之邦行矣;言不忠信,行不笃敬,虽州里④行乎哉?立,则见其参⑤于前也;在舆,则见其倚于衡⑥也。夫然后行。"子张书诸绅⑦。

【注释】

①行:通达的意思。②笃:忠厚。③蛮貊(mò):南蛮北狄,当时我国南方和北方的少数民族。④州里:五家为邻,五邻为里。五党为州,二千五百家。州里泛指近处。⑤参:排列,显现。⑥衡:车辕前面的横木。⑦绅:贵族系在腰间的大带。

【题解】

做事忠于人的所托,厚道认真,取信于人,是孔子提倡的为人处世之道,到处都行得通。

【译文】

子张问怎样做人才能处处行得通。孔子说:"言语忠实诚信,行为笃厚恭敬,即使到了蛮貊地区,也能行得通。言语不忠实诚信,行为不笃厚恭敬,即使是在本乡本土,能行得通吗?站立时,就好像看见'忠实诚信笃厚恭敬'的字样直立在面前;在车上时,就好像看见这几个字靠在车前横木上,这样才能处处行得通。"子张把这些话写在衣服的大带上。

【原文】

15.7　子曰:"直哉史鱼①!邦有道,如矢;邦无道,如矢。君子哉蘧伯玉!邦有道,则仕;邦无道,则可卷而怀②之。"

【注释】

①史鱼:卫国大夫,字子鱼。临死前要求儿子不要为他在正堂治丧,以此劝谏卫灵公任用蘧伯玉,斥退弥子瑕,古人称为"尸谏"。②卷(juǎn):收。怀:藏。

【题解】

史鱼在国家有道或无道时,都同样正直;而蘧伯玉则能审时度势来做事。所以孔子说前者是"直",后者是"君子"。

【译文】

孔子说:"史鱼正直啊!国家政治清明,他像箭一样直;国家政治黑暗,他也像箭一样直。蘧伯玉是君子啊!国家政治清明时,他就出来做官;国家政治黑暗时,他可以把自己的才能收藏起来。"

【原文】

15.8　子曰:"可与言而不与之言,失人;不可与言而与之言，失言。知①者不失人，亦不失言。"

【注释】

①知：通"智"。

【题解】

这是孔子关于"知人"与"慎言"的另一段名言，失人与失言都是不智的，要善于把握这个度。

【译文】

孔子说："可以和他谈话但没有与他谈，这是错失了人才；不可与他谈话却与他谈了，这就是说错了话。聪明的人不错过人才，也不说错话。"

【原文】

15.9 子曰："志士仁人，无求生以害仁，有杀身以成仁。"

【题解】

孔子在这里对"志士仁人"提出了最高的要求，认为"志士仁人"要有献身理想的愿望和勇气。

【译文】

孔子说："志士仁人，不会为了活命而损害仁，却会为了成就仁而牺牲生命。"

【原文】

15.10 子贡问为仁，子曰："工欲善其事，必先利其器。居是邦也，事其大夫之贤者，友其士之仁者。"

【题解】

此章孔子讲的"工欲善其事，必先利其器"已成为普遍的做事规律。从事任何一项工作都要首先做好准备工作、打好基础。

【译文】

子贡问怎样培养仁德,孔子说:"工匠要想做好工,必须先把器具打磨锋利。居住在这个国家,就要侍奉大夫中的贤人,结交士中的仁者。"

【原文】

15.11 颜渊问为邦。子曰:"行夏之时①,乘殷之辂②,服周之冕③,乐则《韶》《舞》④。放郑声,远佞人⑤。郑声淫,佞人殆⑥。"

【注释】

①夏之时:夏朝的历法,便于农业生产。②辂(lù):天子所乘的车。殷朝的车由木制成,比较朴实。③冕:礼帽。周朝的礼帽比以前的华美。④《韶》:舜时的乐曲。《舞》:同《武》,周武王时的乐曲。孔子认为它们是尽善尽美的。⑤佞人:用花言巧语去谄媚人的小人。⑥殆:危险。

【题解】

孔子的政治理想是恢复周礼,其实就是要建设一个有秩序的国家,让人们过上健康、文明、和乐的生活。

【译文】

颜渊问怎样治理国家。孔子说:"实行夏朝的历法,乘坐殷朝的车子,戴周朝的礼帽,音乐就用《韶》和《舞》。舍弃郑国的乐曲,远离谄媚的人。郑国的乐曲靡曼淫秽,谄媚的人危险。"

【原文】

15.12 子曰:"人无远虑,必有近忧。"

【题解】

这是一个重要的方法论,有永恒的实用价值。提醒人们看问题时应有长远的眼光,否则,很快就会陷入困境。

【译文】

孔子说:"人没有长远的考虑,一定会有眼前的忧患。"

【原文】

15.13 子曰:"已矣乎!吾未见好德如好色者也。"

【题解】

爱美之心人皆有之,好色是不需要提醒的,但是好德就不容易做到了。

【译文】

孔子说:"罢了罢了!我没见过喜欢美德像喜欢美色的人。"

【原文】

15.14 子曰:"臧文仲其窃位①者与?知柳下惠②之贤而不与立③也。"

【注释】

①窃位:身居官位而不称职。②柳下惠:春秋中期鲁国大夫,姓展名获,又名禽。他受封的地名是柳下,惠是他的谥号,所以,人有称其为柳下惠。③立(wèi):同"位"。据俞樾《群经平议》。

【题解】

此章孔子指责臧文仲不称职,却占据着官位,知贤而不举。

【译文】

孔子说:"臧文仲大概是个窃据官位(而不称职)的人吧!他知道柳下惠贤良,却不给他官位。"

【原文】

15.15 子曰:"躬自①厚而薄责于人,则远怨矣。"

【注释】

①躬自：亲自。

【题解】

这一章孔子提出人应该严格要求自己，而不要苛求别人这一做人的原则。

【译文】

孔子说："严厉地责备自己而宽容地对待别人，就可以远离别人的怨恨了。"

【原文】

15.16 子曰："不曰'如之何，如之何'者，吾末①如之何也已矣。"

【注释】

①末：无。

【题解】

这一章孔子用颇为幽默的语言，讲述了人要有强烈的求知欲望和主动钻研的精神。

【译文】

孔子说："不说'怎么办，怎么办'的人，我对他也不知道该怎么办了。"

【原文】

15.17 子曰："群居终日，言不及义，好行小慧，难矣哉！"

【题解】

此章中孔子说的现象恐怕两千多年来比比皆是，要想在任何一件事上取得成就，都要以此为座右铭。

【译文】

孔子说："整天聚在一起，言语都和义理不相关，喜欢卖弄小聪明，这种人很难长进。"

【原文】

15.18 子曰："君子义以为质，礼以行之，孙以出之，信以成之。君子哉！"

【题解】

这一章孔子提出了君子的四条行为准则。

【译文】

孔子说："君子把义作为本质，依照礼来实行，用谦逊的言语来表述，用诚信的态度来完成它。这样做才是君子啊！"

【原文】

15.19 子曰："君子病无能焉，不病人之不己知也。"

【题解】

在此章中孔子又一次强调了自强的重要性。

【译文】

孔子说："君子担心自己没有才能，不担心别人不知道自己。"

【原文】

15.20 子曰："君子疾没世而名不称焉。"

【题解】

传名于后世，是对于人生的激励。有理想、有抱负的人，都应该做如是想。

【译文】

孔子说:"君子担心死后自己的名声不被人称道。"

【原文】

15.21　子曰:"君子求诸己,小人求诸人。"

【题解】

此章与孔子说的"躬自厚而薄责于人"是一个意思。正人先正己,这是君子应该做到的。

【译文】

孔子说:"君子要求自己,小人苛求别人。"

【原文】

15.22　子曰:"君子矜①而不争,群而不党。"

【注释】

①矜:庄重的意思。

【题解】

其实孔子所坚持的为人之道就是自尊、仁爱和理性,矜而不争,与人为善,不拉帮结派,这些都是一个正直君子的作为。

【译文】

孔子说:"君子矜持庄重而不与人争执,很合群,但不与人结成宗派。"

【原文】

15.23　子曰:"君子不以言举人,不以人废言。"

【题解】

此章孔子论述的待人处世之道是非常理性的,推举人要重视实绩，不能因为某人有缺点就废弃他有益的谏言。

【译文】

孔子说："君子不因为一个人的言语（说得好）而推举他，也不因为一个人有缺点而废弃他好的言论。"

【原文】

15.24 子贡问曰："有一言①而可以终身行之者乎？"子曰："其'恕'②乎！己所不欲，勿施于人。"

【注释】

①一言：一个字。言，字。②恕：推己及人，即"己所不欲，勿施于人"。

【题解】

孔子认为，一个人应该终身坚持行"恕"，就是将心比心，"己所不欲，勿施于人"这句格言具有普遍适用的价值。

【译文】

子贡问道："有一个字可以终身奉行吗？"孔子说："大概是'恕'字吧！自己不想要的，不要施加给别人。"

【原文】

15.25 子曰："吾之于人也，谁毁谁誉？如有所誉者，其有所试矣。斯民也，三代之所以直道而行也。"

【题解】

在此章中孔子告诉人们，对人不能随意加以毁誉，要实事求是。

【译文】

孔子说："我对于别人，毁谤了谁？赞誉了谁？如果有所赞誉的话，一定是对他有所考察。正是因为有了这样的民众，夏、商、周三代才得以直道而行。"

【原文】

15.26 子曰:"吾犹及史之阙文也。有马者借人乘之①。今亡矣夫!"

【注释】

①有马者借人乘之:有人认为此句系错出,难以索解,存疑而已。另一种解释是有马的人自己不会调教,而让别人训练。今取此义。

【题解】

此章孔子强调无论治学还是做其他事情,都要持一种诚实、认真的态度,自己不懂的东西,最好存疑。

【译文】

孔子说:"我还看得到史书中存疑而空缺的地方。有马的人(自己不会调教)先借给别人骑。现在没有这样的了。"

【原文】

15.27 子曰:"巧言乱德。小不忍,则乱大谋。"

【题解】

本章是做大事者的座右铭,务实、忍耐、顾大局,这不是软弱的表现,而正是有志于做大事的人必备的素养。

【译文】

孔子说:"花言巧语会败坏道德。小事上不忍耐,就会扰乱了大的谋略。"

【原文】

15.28 子曰:"众恶之,必察焉;众好之,必察焉。"

【题解】

孔子认为,在知人论事上必须独立思考,对一个人不应该以众人之是非标准决定自己的是非判断,一定要实事求是地进行考察。

【译文】

孔子说:"众人都厌恶他,一定要去考察;大家都喜爱他,也一定要去考察。"

【原文】

15.29 子曰:"人能弘①道,非道弘人。"

【注释】

①弘:扩充;光大。

【题解】

这一章说明人必须首先提高自身的修养,才可以把道发扬光大,而不能用道来装点门面,标榜自己。

【译文】

孔子说:"人能够把道弘扬光大,不是道能把人发扬光大。"

【原文】

15.30 子曰:"过而不改,是谓过矣。"

【题解】

人非圣贤,孰能无过?人对待错误应持的唯一正确态度就是及时改正。

【译文】

孔子说:"有了过错而不改正,这就真叫过错了。"

【原文】

15.31 子曰:"吾尝终日不食,终夜不寝,以思,无益,不如学也。"

【题解】

孔子的这句话是在讲学与思的辩证关系,特别强调了实实在在学习的重要性。

【译文】

孔子说:"我曾经整天不吃,整夜不睡,去思索,没有益处,不如去学习。"

【原文】

15.32 子曰:"君子谋道不谋食。耕也,馁[1]在其中矣;学也,禄在其中矣。君子忧道不忧贫。"

【注释】

[1]馁:饥饿。

【题解】

孔子这段话的中心意思是劝学,而不要将心思只放在食与禄上。

【译文】

孔子说:"君子谋求道而不谋求衣食。耕作,常常会有饥饿;学习,往往得到俸禄。君子担忧学不到道,不担忧贫穷。"

【原文】

15.33 子曰:"知[1]及之,仁不能守之,虽得之,必失之。知及之,仁能守之,不庄以莅之,则民不敬。知及之,仁能守之,庄以莅之,动之不以礼,未善也。"

【注释】

[1]知:通"智"。

【题解】

此章孔子提出了一个合格的执政者所应具备的品质和治国理政的几条标准。

【译文】

孔子说:"靠聪明才智得到它,如果仁德不能保持它,即使得到了,也一定会丧失。靠聪明才智得到它,仁德又能够守住它,但是如果不以庄重的态度来行使职权,那么民众就不敬畏。靠聪明才智得到它,仁德能够保持它,又能以庄重的态度来行使职权,但是如果不能按照礼的要求来动员,还是不完善的。"

【原文】

15.34 子曰:"君子不可小知,而可大受也。小人不可大受,而可小知也。"

【题解】

这一句话,孔子讲的还是要知人善任,要懂得如何使用人才,关键是要各尽其才。

【译文】

孔子说:"君子不可以用小事来察知,却可以接受重任;小人不可以承担重任,却可以用小事来察知。"

【原文】

15.35 子曰:"民之于仁也,甚于水火。水火,吾见蹈而死者矣,未见蹈仁而死者也。"

【题解】

此章孔子强调了仁是人生和社会得以健康发展的根本,但是人们往往认识不到它的重要性。

【译文】

孔子说:"民众对于仁的需要,超过对水火的需要。水和火,我看见有人死在里面,却没有见过实行仁而死的。"

【原文】

15.36 子曰:"当仁,不让于师。"

【题解】

这段孔子的名言,为所有行仁道、做好事、力求上进的人鼓足了勇气。

【译文】

孔子说:"面对该做的事的时候,对老师也不必谦让。"

【原文】

15.37 子曰:"君子贞而不谅①。"

【注释】

①贞:正,指固守正道。谅:信,指不分是非而守信。

【题解】

孔子注重"信"的道德原则,但又说明了它必须以"道"为前提,即在仁和礼的基础上坚持信。

【译文】

孔子说:"君子固守正道,而不拘泥于遵守小信。"

【原文】

15.38 子曰:"事君,敬其事而后其食。"

【题解】

先人后己,首先要诚敬地付出,然后再谦逊地得到,这就是礼。

【译文】

孔子说:"侍奉君主,要认真做事,把领取俸禄的事放在后面。"

【原文】

15.39 子曰:"有教无类。"

【题解】

正是孔子这种伟大的教育思想,在春秋时代把贵族文化普及到了平民。

【译文】

孔子说:"人人都可接受教育,没有高低贵贱的等级差别。"

【原文】

15.40 子曰:"道不同,不相为①谋。"

【注释】

①为(wèi):与,对。

【题解】

两千多年来,人们在做大事业的时候,往往需要学习这个理性的原则。

【译文】

孔子说:"志向主张不同,不在一起谋划共事。"

【原文】

15.41 子曰:"辞达而已矣。"

【题解】

在本章中,孔子强调辞贵在达意,不取言辞的虚浮和绮丽,这是非常正确的语言观。

【译文】

孔子说:"言辞能表达出意思就可以了。"

【原文】

15.42 师冕①见,及阶,子曰:"阶也。"及席,子曰:"席也。"皆坐。子告之曰:"某在斯,某在斯。"师冕出。子张问曰:"与师言之道与?"子曰:"然,固相②师之道也。"

【注释】

①师:乐师。冕:人名。古代的乐师一般是盲人。②相(xiàng):帮助。

【题解】

此章具体而生动地描述了孔子对盲人的态度,表现了他的同情心,这种伟大的人道主义精神十分感人。

【译文】

师冕来见孔子,走到台阶边,孔子说:"这儿是台阶。"走到座席边,孔子说:"这是座席。"大家都坐下后,孔子又告诉他说:"某人在这里,某人在这里。"师冕告辞后,子张问道:"这是和盲人乐师交谈的方式吗?"孔子说:"是的,这本来就是帮助盲人乐师的方式。"

季氏篇第十六

【原文】

16.1 季氏将伐颛臾①。冉有、季路见于②孔子,曰:"季氏将有事于颛臾。"

孔子曰:"求!无乃尔是过③与?夫颛臾,昔者先王以为东蒙主④,且在邦域之中矣,是社稷之臣也。何以伐为⑤?"

冉有曰:"夫子欲之,吾二臣者皆不欲也。"

孔子曰:"求!周任⑥有言曰:'陈力就列,不能者止。'危而不持,颠而不扶,则将焉用彼相⑦矣?且尔言过矣。虎兕⑧出于柙,龟玉毁于椟中,是谁之过与?"

冉有曰:"今夫颛臾,固而近于费⑨。今不取,后世必为子孙忧。"

孔子曰:"求!君子疾夫舍曰欲之,而必为之辞。丘也闻:有国有家者,不患寡而患不均,不患贫而患不安⑩。盖均无贫,和无寡,安无倾。夫如是,故远人不服,则修文德以来之。既来之,则安之。今由与求也,相夫子,远人不服而不能来也,邦分崩离析而不能守也，而谋动干戈于邦内。吾恐季孙之忧，不在颛臾，而在萧墙⑪之内也。"

【注释】

①颛臾：鲁国的附属国，在今山东费县西。②见于：被接见。③无乃尔是过：无乃，岂不是。尔是过，责备你。"过"用作动词，表示责备。"是"用于宾语前置句中，复指前置宾语。④东蒙主：东蒙，蒙山。主，主持祭祀的人。⑤为：用于句末的语气词。这里表诘问语气。⑥周任：人名，周代史官。⑦相：搀扶盲人的人叫相，这里是辅助的意思。⑧兕：雌性犀牛。⑨费：季氏的采邑。⑩不患寡而患不均，不患贫而患不安：当作"不患贫而患不均，不患寡而患不安"。据俞樾《群经平议》。⑪萧墙：照壁屏风，指宫廷之内。

【题解】

孔子是主张以仁、以礼来解决争端的，提倡以和为贵，反对运用暴力手段解决国家内外的问题。

此章孔子还提出了"不患贫而患不均，不患寡而患不安"的思想，让人民安乐，让社会均富，这是古代的治国良策。

【译文】

季氏准备攻打颛臾。冉有、子路去拜见孔子，说："季氏准备对颛臾用兵了。"

孔子说："冉求！这难道不应该责备你吗？颛臾，先代君主曾经让它做东蒙山的主祭，而且它处在鲁国的疆域之内，是鲁国的附属国，为什么要攻打它呢？"

冉有说："是季孙大夫想去攻打，我们两个人都不同意。"

孔子说："冉求！周任说过：'根据自己的才力去担任职务，不能胜任的就要辞职不干。'（看到盲人）遇到危险而不去扶持，跌倒了而不去搀扶,那还用辅助的人干什么呢?而且你所说的话是不正确的。老虎、犀牛从笼子里跑出来,龟甲和美玉在匣子里毁坏了,是谁的过失呢?"

冉有说:"现在的颛臾,城墙坚固,而且与季氏的采邑费地距离很近。如果现在不趁机攻占它,将来一定会给子孙留下祸患。"

孔子说:"冉求!君子痛恨那些明明很想那样做,却故意闭口不谈,而要另找借口的人。我听说,对于诸侯和大夫来说,他们不怕贫穷而怕财富不均,不怕人口少而怕社会秩序不安定。因为财富均衡就没有贫穷,和睦团结就不觉得人口少,社会安定就不会有倾覆的危险。如果做到了这些,远方的人还不愿归服,那就在仁义礼乐方面下功夫,使他们自动前来归服。如果他们归服了,就让他们安心生活。现在,仲由和冉求辅佐季孙,远方的人不归服,你们也没有办法使他们归服;国家分崩离析,你们也没有办法保全守住,还要谋划在国内动用武力。我恐怕季孙的忧患不在颛臾,而在自己的宫墙之内呢。"

【原文】

16.2 孔子曰:"天下有道,则礼乐征伐自天子出;天下无道,则礼乐征伐自诸侯出。自诸侯出,盖十世希①不失矣;自大夫出,五世希不失矣;陪臣②执国命,三世希不失矣。天下有道,则政不在大夫。天下有道,则庶人不议。"

【注释】

①希:少。②陪臣:大夫的家臣。

【题解】

此章是孔子对春秋时代政治形势的分析,他十分尊崇天下有道的上古时代。"天下有道,则庶人不议"这句话对执政者来说是非常有益的警示。

【译文】

孔子说:"天下政治清明,制礼作乐以及出兵征伐的命令都由天子下达;天下政治昏乱,制礼作乐以及出兵征伐的命令都由诸侯下达。政令由诸侯下达,大概延续到十代就很少有不丧失的;政令由大夫下达,延续五代后就很少有不丧失的;大夫的家臣把持国家政权,延续到三代就很少有不丧失的。天下政治清明,国家的政权就不会掌握在大夫手中;天下政治清明,普通百姓就不会议论朝政了。"

【原文】

16.3 孔子曰:"禄之去公室①,五世②矣;政逮③于大夫,四世④矣,故夫三桓⑤之子孙微矣。"

【注释】

①禄:俸禄,这里指政权。公室:诸侯的家族。②五世:鲁文公死后,公子遂杀嫡,立宣公,掌握了鲁国的政权。宣公死后,鲁国的政权又落在大夫季氏之手,经历了成公、襄公、昭公,到孔子说这段话时的定公,共四世,加上宣公,就是五世。③逮:及。④四世:指季孙氏文子、武子、平子、桓子四世。⑤三桓:鲁国仲孙、叔孙、季孙都出于鲁桓公,所以叫"三桓"。

【题解】

此章是孔子对于国家政治和历史做出的判断,这些预言都变成了史实。

【译文】

孔子说:"国家政权离开鲁国公室已经五代了,政权落到大夫手中已经四代了,所以鲁桓公的三家子孙都衰微了。"

【原文】

16.4 孔子曰:"益者三友,损者三友。友直,友谅,友多闻，益矣。友便辟①，友善柔，友便佞②，损矣。"

【注释】

①便（biàn）辟：逢迎谄媚。②便（pián）佞：用花言巧语取悦于人。

【题解】

此章孔子讲的是交友之道，他所提出的标准对我们而言，至今都有非常重要的参考价值。

【译文】

孔子说："有益的朋友有三种，有害的朋友有三种。同正直的人交友，同诚信的人交友，同见闻广博的人交友，是有益的。同逢迎谄媚的人交友，同表面柔顺内心奸诈的人交友，同花言巧语的人交友，是有害的。"

【原文】

16.5 孔子曰："益者三乐，损者三乐。乐节礼乐，乐道人之善，乐多贤友，益矣。乐骄乐，乐佚①游，乐宴乐，损矣。"

【注释】

①佚：放荡。

【题解】

这一章孔子讲的是人的兴趣爱好应该是健康、有益的。快乐应该由礼制来调节，才不会对人产生损害。

【译文】

孔子说："有益的快乐有三种，有害的快乐有三种。以用礼乐调节自己为乐，以称道人的好处为乐，以有很多德才兼备的朋友为乐，是有益的。以骄纵享乐为乐，以放荡游乐为乐，以宴饮无度为乐，是有害的。"

【原文】

16.6　孔子曰:"侍于君子有三愆①:言未及之而言,谓之躁;言及之而不言,谓之隐;未见颜色而言,谓之瞽②。"

【注释】

①愆:过失。②瞽:眼睛瞎。这里意为盲目。

【题解】

怎样说话,这里边大有学问。此章孔子谈的是在与君子交往的过程中应该如何说话,从中可以看出说话得体的标准。

【译文】

孔子说:"侍奉君子容易有三种过失:没有轮到他发言而言语,叫作急躁;到该说话时却不言语,叫作隐瞒;不看君子的脸色而贸然说话,叫作盲目。"

【原文】

16.7　孔子曰:"君子有三戒:少之时,血气未定,戒之在色;及其壮也,血气方刚,戒之在斗;及其老也,血气既衰,戒之在得①。"

【注释】

①得:贪得,包括名誉、地位、财货等。

【题解】

孔子按照人在少年、壮年、老年时期的不同生理和心理特点,分别提出君子修身养性的重点。

【译文】

孔子说:"君子有三件事应该警惕戒备:年少的时候,血气还没有发展稳定,要警戒迷恋女色;壮年的时候,血气正旺盛,要警戒争强好斗;到了老年时,血气已经衰弱,要警戒贪得无厌。"

【原文】

16.8 孔子曰:"君子有三畏:畏天命,畏大人,畏圣人之言。小人不知天命而不畏也,狎大人,侮圣人之言。"

【题解】

此章孔子讲的是一个人要有敬畏之心,才能成为言行高尚的君子,这也是最好的立身处世之道。

【译文】

孔子说:"君子有三种敬畏:敬畏天命,敬畏身居高位的人,敬畏圣人的言论。小人不知道天命,所以不敬畏它,轻视身居高位的人,侮慢圣人的言论。"

【原文】

16.9 孔子曰:"生而知之者,上也;学而知之者,次也;困而学之,又其次也;困而不学,民斯为下矣。"

【题解】

孔子把人对于知识的追求分为四等,他从来都不承认自己是"生而知之者",他总是在鼓励人们勤奋学习,不要自暴自弃。

【译文】

孔子说:"生来就知道的,是上等;经过学习后才知道的,是次等;遇到困惑疑难才去学习的,是又次一等了;遇到困惑疑难仍不去学习的,这种人就是下等了。"

【原文】

16.10 孔子曰:"君子有九思:视思明,听思聪,色思温,貌思恭，言思忠，事思敬，疑思问，忿思难①，见得思义。"

【注释】

①难（nàn）：患难。

【题解】

此章孔子谈的九思，从人的言行举止各个方面系统地、具体地讲解了君子的道德规范。

【译文】

孔子说："君子有九种思考：看的时候要思考是否看明白了；听的时候要思考是否听清楚了；待人接物时，要想想脸色是否温和，样貌是否恭敬；说话的时候要想想言语是否忠实；做事要想想是否严肃认真；有疑难要想着询问；气愤发怒时要想想可能产生的后患；看见可得的要想想是否合于义。"

【原文】

16.11 孔子曰："见善如不及，见不善如探汤。吾见其人矣，吾闻其语矣。隐居以求其志，行义以达其道。吾闻其语矣，未见其人也。"

【题解】

此章讲的是一个人对自身修养应该保持高度的自觉性和紧迫感。

【译文】

孔子说："见到善的行为，就像怕赶不上似的去努力追求；看见不善的行为，就像手伸进了沸水中那样赶快避开。我看见过这样的人，也听到过这样的话语。隐居起来以求保全自己的志向，按照道义行事以贯彻自己的主张。我听到过这样的话语，却没见过这样的人。"

【原文】

16.12 齐景公有马千驷①，死之日，民无德而称焉。伯夷、叔齐饿于首阳②之下，民到于今称之。其斯之谓与③？

【注释】

①驷：同驾一辆车的四匹马。千驷，四千匹马。②首阳：山名。商朝末年孤竹君的两个儿子伯夷、叔齐在父亲死后，互让君位而出逃。周灭商后，他们耻食周粟，隐居于首阳山，采薇而食，最终饿死在首阳山。③其斯之谓与：这一句中的"斯"字是指什么，上文没有交代，因此意思不清。有人以为，《颜渊》篇第10章"诚不以富，亦祇以异"（引自《诗经·小雅·我行其野》）当在此句之前。

【题解】

本章说明对统治者的历史评价在于人民的口碑，这是一种先进的历史观。

【译文】

齐景公有四千匹马，但是他死的时候，人民找不到他有什么德行值得称颂的。伯夷和叔齐饿死在首阳山下，人民到现在还在称颂他们。大概就是这个意思吧！

【原文】

16.13　陈亢问于伯鱼①曰："子亦有异闻乎？"对曰："未也。尝独立，鲤趋而过庭。曰：'学诗乎？'对曰：'未也。''不学诗，无以言。'鲤退而学诗。他日，又独立，鲤趋而过庭。曰：'学礼乎？'对曰：'未也。''不学礼，无以立。'鲤退而学礼。闻斯二者。"

陈亢退而喜曰："问一得三，闻诗，闻礼，又闻君子之远②其子也。"

【注释】

①陈亢：姓陈，名亢，字子禽。伯鱼：姓孔，名鲤，字伯鱼，

孔子的儿子。②远（yuàn）：不接近，不亲昵。

【题解】

"诗"和"礼"是孔子教育学生的必修课目，他对自己的独生子孔鲤的教育也是从此入手。由此可见，孔子以身作则，"诗礼传家"。

【译文】

陈亢向伯鱼问道："你在老师那里得到什么与众不同的教诲了吗？"伯鱼回答说："没有。他曾经独自站在那里，我快步走过庭中，他说：'学《诗》了吗？'我回答说：'没有。'他说：'不学《诗》就不会应对说话。'我退回后就去学《诗》。又一天，他又独自一人站着，我快步走过庭中，他说：'学礼了吗？'我回答说：'没有。'他说：'不学礼，就没法立足于社会。'我退回后就去学礼。我只听到过这两次教诲。"陈亢回去后高兴地说："我问了一件事，知道了三件事，知道要学《诗》，知道要学礼，又知道君子不偏私自己的儿子。"

【原文】

16.14　邦君之妻，君称之曰夫人，夫人自称曰小童；邦人称之曰君夫人，称诸异邦曰寡小君；异邦人称之，亦曰君夫人。

【题解】

春秋时代，礼制遭到破坏，诸侯嫡妾称号混乱，孔子故而提到周礼，也是正名之意。

【译文】

国君的妻子，国君称她为夫人，夫人自称为小童；国内的人称她为君夫人，在其他国家的人面前称她为寡小君；别的国家的人也称她为君夫人。

阳货篇第十七

【原文】

17.1 阳货欲见孔子①，孔子不见，归孔子豚②。孔子时③其亡也，而往拜之。遇诸途。谓孔子曰："来！予与尔言。"曰："怀其宝而迷其邦，可谓仁乎？"曰："不可。""好从事而亟④失时，可谓知⑤乎？"曰："不可。""日月逝矣，岁不我与。"孔子曰："诺，吾将仕矣。"

【注释】

①阳货：又叫阳虎，季氏的家臣。此时他正把持着季氏的权柄，曾经将季桓子拘禁起来，企图把持鲁国国政。后篡权不成逃往晋国。见：用作使动词，"见孔子"为"使孔子来见"。②归（kuì）：通"馈"，赠送。豚：小猪。古代礼节，大夫送士礼品，士必须登门拜谢。③时：伺，窥伺，打听。④亟（qì）：屡次。⑤知（zhì）：通"智"。

【题解】

此章记载了孔子和鲁国的权奸阳货的一段交往经历，在这当中，孔子表现了高度正义的原则性和处事的灵活性。

【译文】

阳货想要孔子去拜见他,孔子不去拜见,他便送给孔子一头蒸熟了的小猪。孔子打听到他不在家,便趁机前往他那里回拜表谢。不想却在途中遇见了阳货。阳货对孔子说:"你过来!我有话要和你说。"又说:"一个人怀藏本领却听任国家迷乱,可以叫作仁吗?"孔子说:"不可以。""喜好参与政事而屡次错失时机,可以叫作聪明吗?"孔子说:"不可以。""时光很快地流逝了,岁月是不等人的。"孔子说:"好吧,我将去做官了。"

【原文】

17.2 子曰:"性相近也,习相远也。"

【题解】

后世启蒙读物《三字经》中,第二句话就源于孔子的这一句名言。从中我们可以看出,孔子尤其重视后天影响,这也是他"有教无类"的教育思想的哲学基础。

【译文】

孔子说:"人们的本性是相近的,是后天的习染使人们之间相差甚远了。"

【原文】

17.3 子曰:"唯上知与下愚不移。"

【题解】

此章实际是上一章的补充,其主旨都在劝学。不管是学而知之,还是困而学之,都可以变愚为智。

【译文】

孔子说:"只有上等的智者与下等的愚人是改变不了的。"

【原文】

17.4 子之武城①,闻弦歌②之声。夫子莞尔③而笑,曰:"割鸡焉用牛刀?"子游对曰:"昔者偃也闻诸夫子曰:'君子学道则爱人,小人学道则易使也。'"子曰:"二三子!偃之言是也。前言戏之耳。"

【注释】

①武城:鲁国的一个小城。当时,子游是武城宰。②弦歌:弦,指琴瑟。以琴瑟伴奏歌唱。③莞(wǎn)尔:微笑的样子。

【题解】

此章孔子借和子游的玩笑阐述了礼乐教化民众的意义和作用。

【译文】

孔子到了武城,听到管弦和歌唱的声音,微笑着说:"杀鸡何必用宰牛的刀呢?"子游回答说:"以前我听老师说过:'君子学习了道就会爱护百姓,小人学习了道就容易役使。'"孔子说:"同学们,言偃的话是对的。我刚才说的话是同他开玩笑罢了。"

【原文】

17.5 公山弗扰以费畔①,召,子欲往。子路不说,曰:"末之也已②,何必公山氏之之③也。"子曰:"夫召我者,而岂徒哉?如有用我者,吾其为东周乎?"

【注释】

①公山弗扰:人名,又称公山不狃,字子洩,季氏的家臣。当时公山弗扰伙同阳货在费邑背叛季氏。畔:通"叛"。②末之也已:末,无。之,到、往。末之,无处去。已,止,算了。③之之:第一个"之"字是助词,后一个"之"字是动词,去、到的意思。

【题解】

据《史记·孔子世家》记载,孔子欲应公山不狃之召,是为了行仁道于世,也即"吾其为东周乎"。可见孔子用礼治世的迫切愿望。

【译文】

公山弗扰凭借费邑起兵造反,召见孔子,想让他做官,孔子准备前往。子路不高兴,说:"没有地方去就算了,何必到公山氏那里去呢?"孔子说:"那召我去的人,难道会让我白去一趟吗?如果有任用我的人,我就会使周朝的政德在东方复兴。"

【原文】

17.6 子张问仁于孔子。孔子曰:"能行五者于天下,为仁矣。""请问之。"曰:"恭,宽,信,敏,惠。恭则不侮,宽则得众,信则人任焉,敏则有功,惠则足以使人。"

【题解】

"仁"字在《论语》中共出现了109次,可见其在孔子心目中的重要性。"恭,宽,信,敏,惠"则是实行仁的具体做法。

【译文】

子张向孔子问怎么做到"仁"。孔子说:"能够在天下实行五种美德,就是仁了。"子张问:"请问是哪五种?"孔子说:"恭敬、宽厚、诚信、勤敏、慈惠。恭敬就不会招致侮辱,宽厚就会得到众人的拥护,诚信就会得到别人的任用,勤敏就会取得功绩,慈惠就能够使唤人。"

【原文】

17.7 佛肸[①]召,子欲往。子路曰:"昔者由也闻诸夫子曰：'亲于其身为不善者，君子不入也。'佛肸以中牟②畔，子之往也，如之何？"子曰："然。有是言也。不曰坚乎，磨而不磷③；不曰白乎，涅而不缁④。吾岂匏瓜也哉？焉能系而不食？"

【注释】

①佛肸：晋国大夫赵简子的家臣，中牟邑宰。②中牟：春秋时晋邑。故址在今河北邢台和邯郸之间。③磷：薄，损伤。④涅：一种矿石，用作黑色染料。这里作动词，指用黑色染料染物。缁：黑色。

【题解】

此章表明了孔子之所以想去应召，主要是急于用世，急于行仁道于天下。

【译文】

佛肸召请孔子，孔子打算前往。子路说："以前我听您说：'亲自行不善的人，君子是不会去的。'佛肸在中牟发动叛乱，您却要去，这是怎么回事呢？"孔子说："是的，我讲过这样的话。但我不是还说过，坚硬的东西磨也磨不损吗？不是还说过，洁白的东西染也染不黑吗？我难道是个苦葫芦吗，怎么能够悬挂在那里却不被食用呢？"

【原文】

17.8 子曰："由也！女闻六言六蔽①矣乎？"对曰："未也。""居②！吾语女。好仁不好学，其蔽也愚；好知不好学，其蔽也荡；好信不好学，其蔽也贼③；好直不好学，其蔽也绞④；好勇不好学，其蔽也乱；好刚不好学，其蔽也狂。"

【注释】

①六言：六句话，此处实际上指的是六种品德（仁、智、信、直、勇、刚）。六蔽：六种弊病。②居：坐。③贼：害。④绞：说话尖刻。

【题解】

孔子在这里讲的还是个人的品德修养，其中贯穿始终的根本精神是孔子阐明的"中庸之道"，即追求不偏不倚、恰到好处的行为标准和完美目标，而要达到这一目标就必须不断学习，日新月新。

【译文】

孔子说："仲由！你听过六种品德和六种弊病吗？"子路回答说："没有。"孔子说："坐下！我告诉你。爱好仁却不爱好学习，其弊病是愚昧无知；爱好聪明而不爱好学习，其弊病是放荡不羁；爱好诚信而不爱好学习，其弊病是容易被人利用，受到伤害；爱好直率而不爱好学习，其弊病是说话尖刻刺人；爱好勇敢而不爱好学习，其弊病是导致犯上作乱；爱好刚强却不爱好学习，其弊病是狂妄自大。"

【原文】

17.9　子曰："小子何莫学夫诗！诗，可以兴，可以观，可以群，可以怨。迩之事父，远之事君；多识于鸟兽草木之名。"

【题解】

此章孔子讲了学习《诗经》三百篇的重要性，从这里我们也可以加深对此部诗歌总集的理解和认识。

【译文】

孔子说："学生们为什么没有人学《诗经》呢？《诗经》可以培养联想力，可以提高观察力，可以培养群体观念，可以学得讽刺方法。近则可以用其中的道理来侍奉父母,远可以用来侍奉君主,还可以多认识鸟兽草木的名称。"

【原文】

17.10 子谓伯鱼曰:"女为《周南》《召南》①矣乎? 人而不为《周南》《召南》,其犹正墙面而立②也与?"

【注释】

①《周南》《召南》:《诗经·国风》中的第一二两篇篇名。周南和召南都是地名,这是当地的民歌。②正墙面而立:面向墙壁站立着。

【题解】

伯鱼就是孔子的儿子孔鲤,《周南》和《召南》是《诗经》中的两篇讲夫妇之道的诗篇,孔子让他的儿子认真学习这两首诗,对于培养伯鱼修身齐家的理念是有深意的。

【译文】

孔子对伯鱼说:"你学习《周南》《召南》了吗? 一个人如果不学习《周南》《召南》,那就像正对着墙站立一样。"

【原文】

17.11 子曰:"礼云礼云,玉帛云乎哉? 乐云乐云,钟鼓云乎哉?"

【题解】

孔子针对春秋时期权贵奢侈成风、礼乐流于形式而失去了原有的实质内容,发出了深深的慨叹。

【译文】

孔子说:"礼呀礼呀,说的仅仅是玉器和丝帛吗? 乐呀乐呀,说的仅仅是钟鼓等乐器吗？"

【原文】

17.12 子曰："色厉而内荏①，譬诸小人，其犹穿窬②之盗也与？"

【注释】

①荏：软弱。②窬：通"逾"，越过。

【题解】

孔子历来欣赏光明正大的人，对表里不一、装腔作势的小人十分反感，故以"小偷"喻之。

【译文】

孔子说："外表严厉而内心怯懦，用小人做比喻，大概像个挖洞爬墙的盗贼吧。"

【原文】

17.13 子曰："乡愿①，德之贼②也。"

【注释】

①乡愿：貌似好人，实则与流俗合污，以取媚于世的伪善者。②贼：毁坏，败坏。

【题解】

孔子斥责"乡愿"，明确地点出这种人欺世盗名，似德而害德，极具欺骗性，这也说明孔子的"中庸之道"并不是后人所理解的"骑墙"或"和稀泥"，这是对孔子的误读。

【译文】

孔子说："没有是非观念的好好先生，是道德的败坏者。"

【原文】

17.14 子曰:"道听而途说,德之弃也。"

【题解】

这是孔子要求学生处理问题时应该认真考察、善于独立思考。道听途说是违背原则的,也是不合道德的。

【译文】

孔子说:"把道路上听来的东西四处传说,是背弃道德的。"

【原文】

17.15 子曰:"鄙夫可与事君也与哉?其未得之也,患得之①;既得之,患失之。苟患失之,无所不至矣。"

【注释】

①患得之:这里是"患不得之"的意思。这是当时楚地的俗语。据何晏《论语集解》。

【题解】

此章孔子批评当时一些在朝为官的人贪禄保官、患得患失,着实戳中了一些贪图私利的人的痛处。

【译文】

孔子说:"那些德行粗鄙的人,可以和他们一起侍奉君主吗?他们在未得到职位时,总是害怕得不到;得到职位以后,又唯恐失去。如果老是担心失去职位,那就什么事都能做出来。"

【原文】

17.16 子曰:"古者民有三疾,今也或是之亡①也。古之狂也肆,今之狂也荡;古之矜也廉②,今之矜也忿戾;古之愚也直,今之愚也诈而已矣。"

【注释】

①是之亡:"亡是"的倒装说法,"之"字用在中间,无义。亡通"无"。②廉:本义是器物的棱角,人的行为方正不阿也被称为廉。

【题解】

此章孔子将古代具有狂、矜、愚三种毛病的人和当时的这类人相对比,发出了今不如昔、人心不古的感叹。

【译文】

孔子说:"古代的人有三种毛病,现在或许都没有了。古代的狂人轻率肆意,现在的狂人则放荡不羁;古代矜持的人棱角分明,现在矜持的人恼羞成怒、强词夺理;古代愚笨的人憨直,现在愚笨的人欺诈伪装罢了。"

【原文】

17.17　子曰:"巧言令色,鲜矣仁。"

【题解】

已见《学而》篇第3章。

【原文】

17.18　子曰:"恶紫之夺朱①也,恶郑声之乱雅乐②也,恶利口之覆邦家者。"

【注释】

①紫之夺朱:朱是正色,紫是杂色。当时紫色代替朱色成为诸侯衣服的颜色。②雅乐:正统音乐。

【题解】

在这一章中,孔子对当时礼制破坏、是非颠倒、真假混淆的三种社会现象——紫色夺朱、郑声乱乐、利口覆邦进行了抨击。

【译文】

孔子说:"憎恶紫色夺去红色的光彩和地位,憎恶郑国的乐曲淆乱典雅正统的乐曲,憎恶用巧言善辩颠覆国家的人。"

【原文】

17.19　子曰:"予欲无言。"子贡曰:"子如不言,则小子何述焉?"子曰:"天何言哉?四时行焉,百物生焉,天何言哉?"

【题解】

这是孔子与弟子的一段有趣的言论,含有哲学意味。他实际上是用无言来启发弟子更广阔、更深层的思考。

【译文】

孔子说:"我想不说话了。"子贡说:"您如果不说话,那我们这些学生传述什么呢?"孔子说:"天说什么话了吗?四季照样运行,万物照样生长,天说什么话了吗?"

【原文】

17.20　孺悲①欲见孔子,孔子辞以疾②。将命者③出户。取瑟而歌,使之闻之。

【注释】

①孺悲:鲁国人。鲁哀公曾派他向孔子学习士丧礼。②辞以疾:以有病作为借口推辞。③将命者:传话的人。

【题解】

孺悲不经人介绍擅自来见孔子,不合于"士相见礼"。孔子鼓瑟而歌,希望借此让他对自己的行为有所反省。

【译文】

孺悲想拜见孔子,孔子以生病为由推辞了。传话的人刚出门,孔子便取下瑟来边弹边唱,故意让孺悲听见。

【原文】

17.21　宰我①问:"三年之丧,期已久矣。君子三年不为礼,礼必坏;三年不为乐,乐必崩。旧谷既没,新谷既升,钻燧改火②,期③可已矣。"子曰:"食夫④稻,衣夫锦,于女安乎?"曰:"安。""女安,则为之!夫君子之居丧,食旨不甘,闻乐不乐,居处不安,故不为也。今女安,则为之!"

宰我出。子曰:"予之不仁也!子生三年,然后免于父母之怀。夫三年之丧,天下之通丧也。予也有三年之爱于其父母乎?"

【注释】

①宰我:孔子学生,名予,字子我,鲁国人。②钻燧(suì)改火:古代钻木取火,所用木头四季不同。春用榆柳,夏用枣杏和桑柘,秋用柞,冬用槐檀,一年轮一遍,叫改火。③期(jī):一周年。④夫(fú):指示代词,那。

【题解】

本章是孔子从内心的安与不安来说明三年之丧的必要性,他认为只有这样才可报父母养育之恩。

【译文】

宰我问:"父母死了,服丧三年,时间太长了。君子三年不习礼,礼一定会败坏;三年不奏乐,乐一定会荒废。旧谷已经吃完,新谷已经登场,取火用的燧木已经轮换了一遍,服丧一年就可以了。"孔子说:"丧期不到三年就吃稻米、穿锦缎,你能心安吗?"宰我说:"心安。"孔子说:"你心安,就那样做吧!君子服丧,吃美味也不觉得香甜,听音乐也不感到快乐,住在家里也不觉得舒适安宁,所以不那样做。现在你心安,就那样去做吧!"

宰我出去了,孔子说:"宰我不仁啊!孩子生下来三年后,才能完全脱离父母的怀抱。为父母服丧三年,这是天下通行的礼制。难道宰予没有从他父母那里得到过三年怀抱之爱吗?"

【原文】

17.22　子曰:"饱食终日,无所用心,难矣哉!不有博弈①者乎,为之犹贤乎已②。"

【注释】

①博弈:博,掷采(骰子)。弈,古代围棋。②已:止也,不动作的意思。

【题解】

孔子的这段名言是对于人们惰性的当头棒喝。

【译文】

孔子说:"整天吃得饱饱的,什么心思也不用,这就难办了呀!不是有掷骰子下围棋的游戏吗?干干这些,也比什么都不干好啊。"

【原文】

17.23　子路曰:"君子尚勇乎?"子曰:"君子义以为上。君子有勇而无义为乱,小人有勇而无义为盗。"

【题解】

这章说明人的行为只要合乎礼,就是义,故礼义并称。"义以为上",勇要服从义,以义为准绳。

【译文】

子路说:"君子崇尚勇敢吗?"孔子说:"君子把义看作是最尊贵的。君子有勇无义就会犯上作乱,小人有勇无义就会去做盗贼。"

【原文】

17.24 子贡曰:"君子亦有恶①乎?"子曰:"有恶:恶称人之恶者,恶居下流②而讪上者,恶勇而无礼者,恶果敢而窒③者。"曰:"赐也亦有恶乎?""恶徼④以为知者,恶不孙以为勇者,恶讦⑤以为直者。"

【注释】

①恶:厌恶。②下流:下等的,在下的。③窒:阻塞,不通事理,顽固不化。④徼:抄袭。⑤讦:攻击、揭发别人。

【题解】

此章通过孔子和子贡的对答,对有悖道德规范的四种人和作风不正的三种人作了揭露和斥责。

【译文】

子贡问:"君子也有憎恶的人或事吗?"孔子说:"有憎恶宣扬别人过错的人,憎恶身居下位而毁谤身居上位者的人,憎恶勇敢而无礼的人,憎恶果敢而顽固不化的人。"孔子问:"赐,你也有憎恶的人和事吗?"子贡说:"我憎恶抄袭他人之说而自以为聪明的人,憎恶把不谦逊当作勇敢的人,憎恶揭发别人隐私却自以为直率的人。"

【原文】

17.25 子曰:"唯女子与小人为难养也,近之则不孙,远之则怨。"

【题解】

　　孔子的这句话引起了很多人的非议,说其宣扬了"男尊女卑""夫为妻纲"的男权思想,但是我们要考虑到孔子所处的时代背景,不能用现在的观点去理解。

【译文】

　　孔子说:"只有女子和小人是不容易相处的。亲近了,他们就会无礼;疏远了,他们就会怨恨。"

【原文】

　　17.26　子曰:"年四十而见①恶焉,其终也已。"

【注释】

　　①见:被。

【题解】

　　孔子这句话主要是勉励人们及时改过迁善的,否则,到了四十岁,便为时已晚。

【译文】

　　孔子说:"年纪到了四十岁还被众人厌恶,那这人一辈子就算完了。"

微子篇第十八

【原文】

18.1　微子①去之，箕子②为之奴，比干③谏而死。孔子曰："殷有三仁焉。"

【注释】

①微子：名启，商纣王的同母兄弟。微子出生时，他母亲还未被正式立为帝妻，纣是母亲立为帝妻后所生，故纣得以继承王位。②箕子：纣王的叔父。纣王暴虐无道，箕子曾向他进谏，纣王不听，箕子便假装发疯，被降为奴隶。③比干：也是纣王的叔父。他竭力劝谏纣王，被纣王剖心而死。

【题解】

微子、箕子、比干都有忧国忧民的仁者之心和为国献身的精神，故孔子称之为仁。

【译文】

微子离开了商纣王，箕子做了他的奴隶，比干力谏被杀。孔子说："殷朝有三位仁人！"

【原文】

18.2 柳下惠为士师①,三黜。人曰:"子未可以去乎?"曰:"直道而事人,焉往而不三黜?枉道而事人,何必去父母之邦?"

【注释】

①士师:官名,主管刑罚。

【题解】

柳下惠是个正直的、有能力的贤才,孔子对他评价很高。这里孔子以十分沉痛的语气,道出了当时官场的腐败。

【译文】

柳下惠担任掌管刑罚的官,三次被罢免。有人问:"您不可以离开鲁国吗?"他说:"用正直之道来侍奉人,去哪里能不被多次罢免呢?不用正直之道来侍奉人,又为什么一定要离开自己的国家呢?"

【原文】

18.3 齐景公①待孔子,曰:"若季氏②,则吾不能,以季、孟③之间待之。"曰:"吾老矣,不能用也。"孔子行。

【注释】

①齐景公:齐国的国君。②季氏:鲁国的大夫,位居上卿。③孟:指孟氏,鲁国的大夫,位居下卿。

【题解】

此章记述了齐景公在是否任用孔子的问题上态度是反复无常的,孔子自知"道"不行,只好离开。

【译文】

齐景公谈到怎样对待孔子时说:"像鲁国国君对待季氏那样对待他,那我做不到;只能用低于季氏而高于孟氏的规格来对待他。"不久又说:"我老了,不能用他了。"孔子就离开了齐国。

【原文】

18.4 齐人归①女乐,季桓子②受之,三日不朝,孔子行。

【注释】

①归(kuì):通"馈",赠送。②季桓子:季孙斯,鲁国的执政上卿。

【题解】

此章说明尽管孔子以礼治国的愿望十分迫切,但他还是坚持原则的。

【译文】

齐国人送给鲁国一批歌女乐师,季桓子接受了,好几天不上朝,孔子就离开了鲁国。

【原文】

18.5 楚狂接舆①歌而过孔子,曰:"凤兮凤兮!何德之衰?往者不可谏,来者犹可追。已而已而!今之从政者殆而!"孔子下,欲与之言。趋而辟之,不得与之言。

【注释】

①接舆:楚国的隐士。一说他姓接名舆,一说因他接孔子之车而歌,所以称他接舆。

【题解】

在《论语》中,这一段文字非常有名,对后世归隐山林、躲避黑暗社会的知识分子产生了深远的影响。

【译文】

楚国的狂人接舆唱着歌经过孔子的车子,说:"凤凰啊,凤凰啊！为什么道德如此衰微？过去的已经不能挽回，未来的还来得及改正。算了吧，算了吧！现在那些从政的人危乎其危呀！"孔子下车，想要同他说话。接舆快走几步避开了孔子，孔子没能同他交谈。

【原文】

18.6　长沮、桀溺耦而耕①，孔子过之，使子路问津②焉。长沮曰："夫执舆③者为谁？"子路曰："为孔丘。"曰："是鲁孔丘与？"曰："是也。"曰："是知津矣④。"问于桀溺，桀溺曰："子为谁？"曰："为仲由。"曰："是鲁孔丘之徒与？"对曰："然。"曰："滔滔者天下皆是也，而谁以易之⑤？且而与其从辟⑥人之士也，岂若从辟世之士哉？"耰⑦而不辍。子路行以告。夫子怃然⑧曰："鸟兽不可与同群，吾非斯人之徒与而谁与？天下有道，丘不与易也。"

【注释】

①长沮、桀溺：两位隐士，真实姓名和身世不详。耦而耕：两个人合力耕作。②津：渡口。③执舆：执辔（揽着缰绳）。本是子路的任务。因为子路下车去问渡口，暂时由孔子代替。④是知津矣：这话是认为孔子周游列国，应该熟悉道路。⑤谁以易之：以，与。与谁去改变它呢。⑥而：同"尔"，你，指子路。辟：通"避"。⑦耰：播下种子后，用土覆盖上，再用耙将土弄平，使种子深入土里，鸟不能啄，这就叫耰。⑧怃然：失意的样子。

【题解】

此章反映了孔子反对消极退隐，主张积极入世、拯救人民于水火的仁者胸怀。

【译文】

长沮和桀溺并肩耕地，孔子从旁边经过，让子路去打听渡口在哪儿。长沮说:"那个驾车的人是谁?"子路说:"是孔丘。"长沮又问:"是鲁国的孔丘吗?"子路说:"是的。"长沮说:"他应该知道渡口在哪儿。"子路又向桀溺打听,桀溺说:"你是谁?"子路说:"我是仲由。"桀溺说:"是鲁国孔丘的学生吗?"子路回答说:"是的。"桀溺就说:"普天之下到处都像滔滔洪水一样混乱,和谁去改变这种状况呢?况且你与其跟从逃避坏人的人,还不如跟从逃避污浊尘世的人呢。"说完,就不停地用土覆盖播下去的种子。子路回来告诉了孔子。孔子怅然若失地说:"人是不能和鸟兽合群共处的,我不和世人在一起,又能和谁在一起呢?如果天下有道,我就不和你们一起来改变它了。"

【原文】

18.7　子路从而后,遇丈人,以杖荷蓧①。子路问曰:"子见夫子乎?"丈人曰:"四体不勤,五谷②不分,孰为夫子?"植其杖而芸③。子路拱而立。止子路宿,杀鸡为黍而食之,见其二子④焉。明日,子路行以告。子曰:"隐者也。"使子路反见之。至,则行矣。子路曰:"不仕无义。长幼之节,不可废也;君臣之义,如之何其废之?欲洁其身,而乱大伦。君子之仕也,行其义也。道之不行,已知之矣。"

【注释】

①蓧:古代在田中除草的工具。②五谷:古书中有不同的说法,通常是指稻、黍、稷、麦、菽。稻、麦是主要粮食作物;黍是黄米;稷是粟,一说是高粱;菽是豆类作物。③芸:通"耘"。④见其二子:使其二子出见客。

【题解】

孔子几乎一生都在为天下太平、达于治世而东奔西走。但是,经过无数次碰壁后，连跟着他鞍前马后奔波的子路也说"道之不行，已知之矣"。尽管如此，孔子仍然百折不挠地要实践他的主张，显示了他"知其不可而为之"的精神。

【译文】

子路跟随孔子，落在后面，遇到一个老人，用手杖挑着除草用的工具。子路问道："您看见我的老师了吗？"老人说："四肢不劳动，五谷分不清。谁是你的老师呢？"说完，把手杖插在地上开始锄草。子路拱着手站在一边。老人便留子路在他家中住宿，杀鸡做饭给子路吃，还叫两个儿子出来相见。第二天，子路赶上了孔子，把这事告诉了他。孔子说："这是个隐士。"叫子路返回去再见他。子路到了那里，他已经出门了。子路说："不出来做官是不义的。长幼之间的礼节，不可以废弃；君臣之间的道义，又怎么可以废弃呢？本想保持自身纯洁，却破坏了重大的伦理道德。君子出来做官，是为了实行君臣之义。至于我们的政治主张行不通，是早就知道的了。"

【原文】

18.8　逸民：伯夷、叔齐、虞仲、夷逸、朱张、柳下惠、少连①。子曰："不降其志，不辱其身，伯夷、叔齐与！"谓："柳下惠、少连降志辱身矣，言中②伦，行中虑，其斯而已矣。"谓："虞仲、夷逸隐居放言，身中清，废中权。我则异于是，无可无不可。"

【注释】

①逸：同"佚"，散失、遗弃。伯夷、叔齐、柳下惠皆见前。虞仲、夷逸、朱张、少连四人身世无从考，从文中意思看，当是没落贵族。②中：符合。

【题解】

此章是孔子对历史和当代七位逸民做出的评价,他特别赞许伯夷、叔齐"不降其志,不辱其身"的独立人格。

【译文】

隐居不做官的人有:伯夷、叔齐、虞仲、夷逸、朱张、柳下惠、少连。孔子说:"不降低自己的志向,不辱没自己的身份,就是伯夷和叔齐吧!"又说:"柳下惠、少连降低了自己的志向,辱没了自己的身份,但言语合乎伦理,行为经过考虑,也就是如此罢了。"又说:"虞仲、夷逸,避世隐居,言语废置,立身清白,弃官合乎权宜。我就和他们不一样,没有什么可以,也没有什么不可以。"

【原文】

18.9 大师挚①适齐,亚饭干②适楚,三饭缭适蔡,四饭缺适秦,鼓方叔③入于河,播鼗武④入于汉,少师阳、击磬襄入于海⑤。

【注释】

①大师挚:大同"太"。大师是鲁国乐官之长,挚是人名。②亚饭干:第二次吃饭时奏乐的乐师,名干。下文缭、缺亦是人名。古代天子、诸侯吃饭时都要奏乐,所以乐师有亚饭、三饭、四饭之称。③鼓方叔:击鼓的乐师名方叔。④播鼗武:播,摇。鼗,小鼓。武,摇小鼓者的名字。⑤少师阳:副乐官,名阳。击磬襄:敲磬的乐师,名襄。

【题解】

孔子重视"乐"教,本人的音乐造诣也颇深厚,所以对当时乐师的境遇非常关心。此章记载了鲁国乐师在哀公时流散的情况。

【译文】

太师挚到齐国去了,亚饭乐师干到楚国去了,三饭乐师缭到蔡国去了,四饭乐师缺到秦国去了,打鼓乐师方叔去黄河地区了,摇鼗鼓的乐师武去汉水一带了,少师阳、敲磬的乐师襄到海滨去了。

【原文】

18.10 周公谓鲁公①曰:"君子不施②其亲,不使大臣怨乎不以。故旧无大故,则不弃也。无求备于一人。"

【注释】

①鲁公:指周公之子,鲁国始封之君伯禽。②施:通"弛",废弃的意思。

【题解】

周公对儿子伯禽的训诫之言可能在鲁国国内流传,孔子又向弟子们转述。这是古代贤君为政之道的经验总结。

【译文】

周公对鲁公说:"一个有道的国君不疏远他的亲族;不使大臣怨恨没有被任用;故旧朋友如果没有大的过错,就不要抛弃他们;不对一个人求全责备。"

【原文】

18.11 周有八士:伯达、伯适、仲突、仲忽、叔夜、叔夏、季随、季騧①。

【注释】

①适:音 kuò。騧:音 guā。八人事迹不详。据传,周朝有位良母,她四胎生了八个双生子,都是有名的士子,后来都当了大官。

【题解】

此章记述周代贤士众多,旨在说明国家兴亡的关键在于任用贤人。

【译文】

周朝有八个出名的士人:伯达、伯适、仲突、仲忽、叔夜、叔夏、季随、季騧。

子张篇第十九

【原文】

19.1　子张曰:"士见危致命,见得思义,祭思敬,丧思哀,其可已矣。"

【题解】

子张这话乃是总结孔子的思想,提出了衡量士的四条基本标准。

【译文】

子张说:"士人看见危险肯献出生命,看见有所得就想想是否合乎道义,祭祀时想到恭敬,服丧时想到悲痛,这也就可以了。"

【原文】

19.2　子张曰:"执德不弘,信道不笃,焉能为有?焉能为亡?"

【题解】

此章强调了全面的道德修养是人生价值的基础。

【译文】

子张说:"执行德却不能弘扬它,信奉道却不笃定,(这样的人)

怎么能算有呢,又怎么能算是无呢?"

【原文】

19.3　子夏之门人问交于子张。子张曰:"子夏云何?"对曰:"子夏曰:'可者与①之,其不可者拒之。'"子张曰:"异乎吾所闻:君子尊贤而容众,嘉善而矜不能。我之大贤与,于人何所不容?我之不贤与,人将拒我,如之何其拒人也?"

【注释】

①与:相与、交往。

【题解】

本章讲述的是与人交往之道。在《论语》中,对同一个问题,因提问者不同,孔子的回答会不一样,这体现了他因材施教的教育理念,此章便说明了这一情况。

【译文】

子夏的学生向子张请教怎样交朋友。子张说:"子夏说了什么呢?"子夏的学生回答说:"子夏说:'可以交往的就和他交往,不可以交往的就拒绝他。'"子张说:"这和我所听到的不一样!君子尊敬贤人,也能够容纳一般人;称赞有美德的人,也同情没有修得美德的人。如果我是个很贤明的人,对别人有什么不能容纳的呢?如果我不贤明,别人将会拒绝我,我哪里有资格去拒绝别人呢?"

【原文】

19.4　子夏曰:"虽小道,必有可观者焉;致远恐泥①,是以君子不为也。"

【注释】

①泥(nì):阻滞,不通,妨碍。

【题解】

不管是大道还是小道,都有其存在的必要性。我们要做的是处理好大道与小道的关系,对小道既不能忽视,也不能执迷。

【译文】

子夏说:"即使是小技艺,也一定有可取之处,但执着于钻研这些小技艺,恐怕会妨碍实现远大的理想,所以君子不做这些事。"

【原文】

19.5 子夏曰:"日知其所亡,月无忘其所能,可谓好学也已矣。"

【题解】

此章讲的是学习方法。子夏所说的,也就是孔子说的"温故而知新"。

【译文】

子夏说:"每天知道自己以前所不知的,每月不忘记自己以前所能的,就可以说是好学了。"

【原文】

19.6 子夏曰:"博学而笃志,切问而近思,仁在其中矣。"

【题解】

这一章提到的博学、笃志、切问、近思四项,都是理论联系实际、言行一致的自我修养的方法。

【译文】

子夏说:"广泛地学习并且笃守自己的志向,恳切地提问并且常常思考眼前的事,仁就在这中间了。"

【原文】

19.7 子夏曰:"百工居肆以成其事,君子学以致其道。"

【题解】

此章也是劝人们要努力学习,无论从事哪种专业,都要勤奋敬业。

【译文】

子夏说:"各行各业的工匠在作坊里完成他们的工作,君子则通过学习来掌握道。"

【原文】

19.8 子夏曰:"小人之过也必文①。"

【注释】

①文:掩饰。

【题解】

孔子说过"过而不改,是谓过矣"。小人的一大特点就是文过饰非。

【译文】

子夏说:"小人犯了错误一定加以掩饰。"

【原文】

19.9 子夏曰:"君子有三变:望之俨然①,即②之也温,听其言也厉。"

【注释】

①俨然:庄严的样子。②即:接近。

【题解】

子夏这话是对孔子仪容风度的基本概括,孔子的风度是自然流露出来的,毫无矫揉造作之感。

【译文】

子夏说:"君子会使人感到三种变化:远远望去觉得庄严可畏,接近他时却觉得温和可亲,听他说话则觉得严肃不苟。"

【原文】

19.10　子夏曰:"君子信而后劳其民,未信则以为厉己也;信而后谏,未信则以为谤己也。"

【题解】

取信于民是孔子对为政者的基本要求,也是基本的治国之道。

【译文】

子夏说:"君子在得到民众的信任之后才去役使他们,没有得到信任就去役使,民众就会认为是在虐害他们。君子得到君主的信任之后才去进谏,没有得到信任就去进谏,君主就会以为是在诽谤自己。"

【原文】

19.11　子夏曰:"大德不逾闲,小德出入可也。"

【题解】

此章反映了儒家既坚持仁德的基本原则,又不排斥变通的思想。

【译文】

子夏说:"大的道德节操上不能逾越界限,在小节上有些出入是可以的。"

【原文】

19.12　子游曰:"子夏之门人小子,当洒扫、应对、进退,则可矣,抑①末也。本之则无,如之何?"

子夏闻之,曰:"噫!言游过矣!君子之道,孰先传焉?孰

· 303 ·

后倦②焉? 譬诸草木③, 区以别矣。君子之道, 焉可诬也? 有始有卒者, 其惟圣人乎!"

【注释】

①抑：连词，表示转折。这里是可是的意思。②倦：这里指教诲。③譬诸草木：譬之于草木。草木有大小，比喻学问有深浅，应当分门别类，循序渐进。

【题解】

此章记叙了子游和子夏就教学方法问题展开的热烈讨论。

【译文】

子游说："子夏的学生们，做洒水扫地、接待客人、趋进走退一类的事，是可以的，不过这些只是细枝末节的事。根本的学问没有学到，这怎么行呢？"

子夏听到这话，说："咳！言游说错了！君子的学问，哪些先传授，哪些后传授，就好比草木一样，是区分为各种类别的。君子的学问，怎么能歪曲呢？有始有终地循序渐进，大概只有圣人吧！"

【原文】

19.13 子夏曰："仕而优则学，学而优则仕。"

【题解】

子夏这段话从一个侧面概括了孔子的教育方针和办学目的，也成为对中国知识分子影响最深远的一句话。

【译文】

子夏说："做官仍有余力就去学习，学习仍有余力就去做官。"

【原文】

19.14 子游曰："丧致乎哀而止。"

【题解】

此章子游的意思是说，丧事一方面要尽哀，一方面又不宜因过于哀痛而伤害身体。

【译文】

子游说："丧事充分表达了哀思也就可以了。"

【原文】

19.15　子游曰："吾友张也，为难能也，然而未仁。"

【题解】

此章意思是说，子张的仪表和德行都非常出众，但还达不到仁的境界，其目的是在鼓励朋友。

【译文】

子游说："我的朋友子张虽然难能可贵，然而还没有达到仁的境界。"

【原文】

19.16　曾子曰："堂堂乎张也，难与并为仁矣。"

【题解】

此章是曾子对子张的评价。

【译文】

曾子说："仪表堂堂的子张啊，很难和他一起做到仁。"

【原文】

19.17　曾子曰："吾闻诸夫子：人未有自致[1]者也。必也亲丧乎？"

【注释】

[1]致：到了极点。这里指人的真情全部表露出来。

【题解】

此章意思是说在大多数情况下，人的感情是受制于理智的，能够真情流露的情况非常少。

【译文】

曾子说："我听老师说过，人不会自动地充分表露感情，如果有，一定是在父母死亡的时候吧！"

【原文】

19.18 曾子曰："吾闻诸夫子，孟庄子①之孝也，其他可能也，其不改父之臣与父之政，是难能也。"

【注释】

①孟庄子：名速，鲁国大夫，孟献子的儿子。

【题解】

本章说孟庄子之孝，表现了他以国事为重的高尚品质。

【译文】

曾子说："我听老师说过，孟庄子的孝，其他方面别人可以做到，而他不改换父亲的旧臣和父亲的政治措施，这是别人难以做到的。"

【原文】

19.19 孟氏使阳肤①为士师，问于曾子。曾子曰："上失其道，民散久矣。如得其情，则哀矜而勿喜。"

【注释】

①阳肤：曾子的弟子。

【题解】

此章表明曾子深得孔子仁德思想的真传，抨击上位者的无道，深深地同情下层民众。

【译文】

孟氏让阳肤担任掌管刑罚的官,阳肤向曾子求教。曾子说:"在上位的人丧失正道,致使民心离散已经很久了。如果审案时审出真情,就应该悲哀怜悯,而不要沾沾自喜!"

【原文】

19.20　子贡曰:"纣①之不善,不如是之甚也。是以君子恶居下流,天下之恶皆归焉。"

【注释】

①纣:商朝最后一个君主,是有名的暴君。

【题解】

子贡的意思是,人们对社会舆论往往具有一种盲目顺从的惯性,说某人好,要说得比某人实际做的还要好;说某人坏,则要说得比某人实际做的还要坏。

【译文】

子贡说:"商纣王的无道,其实并不像现在流传的那么严重。所以君子憎恨处在下流的地方,一居下流,天下的坏事就都归集到他身上去了。"

【原文】

19.21　子贡曰:"君子之过也,如日月之食焉:过也,人皆见之;更也,人皆仰之。"

【题解】

此章用日食、月食的比喻,形象地赞扬了君子不隐瞒、掩盖过错,又能公开改正过错的光明磊落的态度。

【译文】

子贡说:"君子的过失,就像日食和月食一样;有过错时,人人都看得见;他改正了,人人都仰望他。"

【原文】

19.22 卫公孙朝①问于子贡曰:"仲尼焉②学?"子贡曰:"文、武之道,未坠于地,在人。贤者识③其大者,不贤者识其小者,莫不有文、武之道焉。夫子焉不学,而亦何常师之有?"

【注释】

①公孙朝:卫国大夫。当时鲁、郑、楚三国也都有公孙朝,所以指明卫公孙朝。②焉:何处,哪里。③识:通"志"。

【题解】

此章是说明善于学习的人随时随地都可以学到有益的东西。孔子学说继承周文王、周武王之道,并没有固定的老师。

【译文】

卫国的公孙朝向子贡问道:"孔仲尼的学问是从哪里学的?"子贡说:"周文王和周武王之道,并没有失传,留存在人间。贤能的人掌握了其中重要部分,不贤能的人记住了细枝末节。周文王和周武王之道是无处不在的,老师从哪儿不能学呢?哪里有固定的老师呢?"

【原文】

19.23 叔孙武叔①语大夫于朝,曰:"子贡贤于仲尼。"子服景伯②以告子贡。子贡曰:"譬之宫墙,赐之墙也及肩,窥见室家之好。夫子之墙数仞,不得其门而入,不见宗庙之美,百官③之富。得其门者或寡矣。夫子之云,不亦宜乎!"

【注释】

①叔孙武叔：鲁国大夫，名州仇，"武"是他的谥号。②子服景伯：名何，鲁国的大夫。③官：通"馆"，这里指房舍。

【题解】

此章表明孔子的思想平凡而伟大，看似都是平常的话，但是极其丰富，闪耀着真理的光辉。

【译文】

叔孙武叔在朝廷上对大夫们说："子贡比仲尼更强些。"子服景伯把这话告诉了子贡。子贡说："就用围墙做比方吧，我的围墙只有肩膀那么高，从墙外就可以看到里面房屋的美好。而我老师的围墙有几仞高，找不到大门走进去，就看不见里面宗庙的雄美、房屋的富丽。能够找到大门的人或许太少了，所以叔孙武叔先生那样说，不也是很自然的吗？"

【原文】

19.24 叔孙武叔毁仲尼。子贡曰："无以①为也！仲尼不可毁也。他人之贤者，丘陵也，犹可逾也；仲尼，日月也，无得而逾焉。人虽欲自绝，其何伤于日月乎？多②见其不知量也。"

【注释】

①以：此，这样。②多：只，适。

【题解】

孔子生前就得到弟子们如此崇高的评价，并不是偶然的，即此一点就足以证明他的伟大。当然，孔子之所以成为我国伟大的思想家、教育家，除了他自身的渊博学识、高尚品德、卓越贡献之外，还得益于其弟子们对其思想的继承和发扬光大。

【译文】

叔孙武叔诋毁仲尼。子贡说:"不要这样做!仲尼是不可诋毁的。他人的贤能好比丘陵,还可以逾越;仲尼的贤能就好比日月,是无法逾越的。一个人即使想自绝于日月,对日月又有什么伤害呢?只显出他不自量力罢了。"

【原文】

19.25 陈子禽谓子贡曰:"子为恭也,仲尼岂贤于子乎?"子贡曰:"君子一言以为知①,一言以为不知,言不可不慎也。夫子之不可及也,犹天之不可阶而升也。夫子之得邦家②者,所谓立之斯立,道③之斯行,绥之斯来,动之斯和。其生也荣,其死也哀,如之何其可及也!"

【注释】

①知:通"智"。②邦:诸侯统治的地区。家:卿大夫统治的地区。③道:同"导",引导,教化。

【题解】

此章也是子贡批评别人贬低孔子而抬高自己的问话。子贡在为孔子所做的辩护中,比孔子为天,也是无人可以企及之意。

【译文】

陈子禽对子贡说:"你太谦恭了,仲尼岂能比你更有才能?"子贡说:"君子一句话可以表现出聪明,一句话也可以表现出不聪明,所以说话不可以不慎重。我的老师没人能赶得上,好像青天无法通过阶梯登上去一样。假如老师得到国家去治理的话,说立于礼,百姓就立于礼;引导百姓,百姓就跟着实行;安抚百姓,百姓就会来归服;动员百姓,百姓就会协力同心。他活着时荣耀,他死了令人哀痛,别人怎么可能赶得上他呢?"

尧曰篇第二十

【原文】

20.1 尧曰:"咨①!尔舜!天之历数在尔躬,允②执其中,四海困穷,天禄永终。"舜亦以命禹。

曰:"予小子履③,敢用玄牡,敢昭告于皇皇后帝:有罪不敢赦。帝臣不蔽,简④在帝心。朕躬有罪,无以万方;万方有罪,罪在朕躬。"

周有大赉⑤,善人是富。"虽有周亲⑥,不如仁人。百姓有过,在予一人。"

谨权量⑦,审法度⑧,修废官,四方之政行焉。兴灭国,继绝世,举逸民,天下之民归心焉。

所重:民,食,丧,祭。

宽则得众,信则民任焉⑨,敏则有功,公则说。

【注释】

①咨:即"啧",感叹词,表示赞美。②允:真诚,诚信。③履:商汤的名。④简:有两种解释:一,阅,计算,引申为明白的意思;二,选择。⑤赉:赏赐。以下几句是说周武王的事。⑥周亲:至亲。

⑦权：秤锤，指量轻重的标准。量：斗斛，指量容积的标准。⑧法度：量长度的标准。⑨信则民任焉：汉行经无此五字，有人说是衍文。"宽则得众，信则人任焉，敏则有功"，见《阳货》篇。

【题解】

本章记述了从帝尧命舜以来历代先圣、先王的遗训。夏商相继，周武王伐纣誓师之辞，都在其中。孔子对三代以来先王的美德善政十分向往。

【译文】

尧说："啊！你这位舜啊！天命落到你的身上了，你要真诚地执守中正之道。如果天下的百姓贫困穷苦，上天给你的禄位也就永远终止了。"舜也这样告诫禹。

商汤说："在下履，谨用黑色的公牛作为祭品，明白地禀告光明伟大的天帝：对有罪的人我不敢擅自赦免。您的臣仆的善恶我也不敢掩盖隐瞒，这是您心中知道的。我本人如果有罪，不要牵连天下万方；而如果天下万方有罪，罪责都在我一个人身上。"

周朝实行大封赏，使善人都富贵起来。周武王说："虽然有至亲，也不如有仁人。百姓有罪过，罪过都在我一人身上。"

谨慎地检验并审定度量衡，恢复废弃了的职官，天下四方的政令就会通行了。复兴灭亡了的国家，承续已断绝的宗族，提拔被遗落的人才，天下的百姓就会诚心归服了。

所重视的是：民众、粮食、丧礼、祭祀。

宽厚就会得到众人的拥护，诚实守信就会得到民众的信任，勤敏就能取得功绩，公正则大家心悦诚服。

【原文】

20.2 子张问于孔子曰："何如斯可以从政矣？"子曰："尊

五美,摒四恶,斯可以从政矣。"

子张曰:"何谓五美?"子曰:"君子惠而不费,劳而不怨,欲而不贪,泰①而不骄,威而不猛。"

子张曰:"何谓惠而不费?"子曰:"因民之所利而利之,斯不亦惠而不费乎?择可劳而劳之,又谁怨?欲仁而得仁,又焉贪?君子无众寡,无小大,无敢慢,斯不亦泰而不骄乎?君子正其衣冠,尊其瞻视,俨然人望而畏之,斯不亦威而不猛乎?"

子张曰:"何谓四恶?"子曰:"不教而杀谓之虐;不戒视成谓之暴;慢令致期谓之贼;犹之与人②也,出纳③之吝,谓之有司④。"

【注释】

①泰:安宁。②犹之与人:犹之,同样的意思。与,给予。犹之与人,同样是给人。③出纳:出和纳两个相反的意义连用,其中纳的意义虚化,只有出的意义。④有司:古代管事者之称,职务卑微。

【题解】

此章记录的是子张向孔子请教为官从政的要领。"尊五美,摒四恶",是孔子政治主张的基本原则,在其中包含着丰富的民本思想。

【译文】

子张向孔子问道:"怎样才可以治理政事呢?"孔子说:"推崇五种美德,摒弃四种恶政,这样就可以治理政事了。"

子张说:"什么是五种美德?"孔子说:"君子使百姓得到好处却不破费;使百姓劳作却无怨言;有正当的欲望却不贪求;泰然自处却不骄傲;庄严有威仪而不凶猛。"